나는 사모님 말고
사장님이 되기로 했다

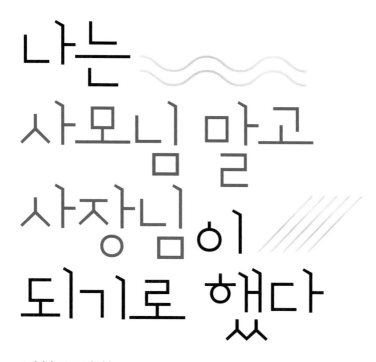

나는
사모님 말고
사장님이
되기로 했다

소택언니 • 글로공명 지음

스스로를 경영하고 주도적인 인생을 사는 방법
사장되기 프로젝트

북심

40대에 돈과 건강을 잃어 보았다면
꼭 사장이 되어야 한다

−소택언니

드라마 [더 글로리]에서 남편 하도영은 아내 박연진에게 말한다.

"돈으로 해결할 수 있는 문제가 가장 쉬운 문제라니까?"

사실 이 드라마뿐 아니라 종종 여기저기에서 회자하는 말이기도 하다. 그 말이 어떤 뜻을 담고 있는지 안다. 인생의 전부가 돈이 아닌 것처럼 돈이 아무리 많아도 해결할 수 없는 일이 있고, 그런 일일수록 정말 감당하기 어려운 경우가 많다. 그러니 그나마 돈으로 해결할 수 있으면 얼마나 다행일까 싶지만, 그것도 [더 글로리] 속 하도영처럼 돈 많은 재벌들에게나 해당할지 모르는 일이다. 대부분의 서민들은 돈'만' 있으면 해결되는데 돈이 없다는 이유로 문어발처럼 뻗어나가는 문제를 껴

안고 산다. 그러니 드라마 속 그 대사를 보면서 "호강에 겨운 소리 하고 있네"하고 비뚤어질 수밖에.

재무 상담을 하면서 만난 고객들 대부분이 그랬다. 지난 10여 년간 적어도 300명 정도의 고객들을 상담하고 밀착관리를 하는 일을 하며 지냈다. 주변 지인의 소개로, 혹은 가끔 출연했던 방송을 보고 오셔서 인연이 되곤 하는 분들이었는데 그들 모두 '돈 문제'를 해결하기 위해서 나를 찾아오셨다.

핵심은 '돈 문제'지만 막상 상담을 하다보면 자연스레 비재무적인 상황이나 가족 간의 문제, 그리고 어릴 적 트라우마를 꺼내 놓게 된다. 그들의 이야기가 전혀 남 이야기 같지 않았다. 나의 40대 역시 어디 내놓아도 지지 않을 만큼 파란만장했다. 그래서일까. 많은 분을 만나면서, 그들의 이야기 속에서 나를 만나면서 깨달았다. 누구나 40대에 한번은 인생이 크게 휘청이는구나. 그리고 인생을 그렇게 뒤흔들 수 있는 가장 강력한 힘을 가진 두 녀석이 바로 돈과 건강이다.

그들 대부분이 '30대에 누구보다 열심히 살았다'라고 말했다. 취직을 하고 결혼을 해보니 20대에는 보이지 않던 것들이 보이기 시작한다. 이제는 나 혼자만 책임질 수는 없는 상황이고 그러니 더욱 뭔가를 해내야겠다는 의욕이 불탄다. 의욕만큼 젊고 유능하니, 많은 칭찬과 책임들이 동시에 쏟아지며 무조건 달리라고 하는 것 같다. 전속력으로 달릴 때는 몰랐다. 40대가 되어서 조금 여유가 생기면서 '남들은 어디쯤 있나? 다른 길은 없나? 계속 달려야 하나?' 고민이 생기기 시작한다. 그러다 엉뚱하게 이직을 하거나 준비 없이 어설픈 사업을 시작하거나 다른 사람의 말만 믿고 알지도 못하는 곳에 투자를 하는 일이 왕왕 생긴다.

건강 문제는 또 어떤가. 40대에 암에 걸리는 사람 중에는 가족력이 있어서 발병하는 경우도 있다. 하지만 너무도 열심히 살아가느라 건강을 챙기지 못한 사람들도 많고, 몸에 생긴 이상을 알아차리지 못하거나 대수롭지 않게 여겨서 병을 키우는 사람들이 많다고 한다.

더욱 안타까운 것은 '돈 문제'가 다른 큰 문제를 불러온다는 사실이다. 배우자 몰래 투자를 했다가 크게 실패해 이혼까지 가는 분들도 있었고, 다른 사람의 말만 듣고 투자해서 실패하자 그에 대한 자책이 너무 심해져 마음의 병이 깊어진 사람도 있었다. 건강 문제도 자세한 사정을 들어보면 돈 문제로 시작된 고민과 갈등이 원인인 경우가 많았다. 게다가 암이나 뇌혈관질환 등의 중대한 질병이 발병해서 하던 일이나 직장을 그만두면서 또다시 '돈 문제'를 불러오는 악순환이 반복된다.

그렇게 몸과 마음이 병들고, 자책감은 심해지고 '돈 문제'로 시작된 고민을 해결할 방법을 찾지 못해 병이 깊어지면서 스스로 살아갈 길을 잃는 사람들을 보게 된다. 우리 아버지처럼.

평생을 엄마의 등골만 빼먹고 살던 아버지를 많이 미워했다. 결혼하고 나서는 아예 연락도 끊고 살았다. 그랬던 아버지는 엄마가 암에 걸리자 더 이상 자기 빚을 대신 갚아줄 사람이 없다고 생각했기 때문이었을까. 스스로 세상을 등졌다.

당시에는 눈물도 나지 않았다. 장례식장에는 그 누구도 부를 수가 없었다. 어쩌면 그렇게 마지막 가는 길마저 끝까지 나를 부끄럽게 하는지 원망스럽기만 했다. 그런데 나중에는 아버지가 조금 이해되기 시작했다.

얼마나 막막했을까. 몇천만 원이 없다는 이유로 벼랑 끝에 몰린 심정이 얼마나 처절했으면 그런 선택을 했을까.

그게 누구든, 돈 때문에 잘못된 선택을 하지 않길 바라는 마음으로 재정 상담을 다녔다. 하도영처럼 폼나게 '돈으로 해결할 수 있는 문제가 가장 쉽다'고 말할 수는 없더라도, 돈 문제, 어떻게든 해결할 수 있다며 함께 해결책을 찾아 드렸다. 한 명 한 명, 재정 상담을 다닐 수 없어서, 책을 쓰기로 했다. 돈 문제든, 건강 문제든 인생을 크게 흔든 폭풍우를 이겨내고 50이 되었다면, 이제 사장이 되라고 말하고 싶어서다.

건강도 잃어보았고, 돈 문제도 겪어봤기에 더욱 겁이 날 수 있다. 하지만 반대로 생각해 보자. 40대에 큰돈을 잃어 보았다면 더욱 신중하게 자금관리를 할 수 있어서 좋고, 건강을 잃어 보았다면 무리하지 않고 할 수 있는 일을 찾아내서 더 좋다. 40대에 많이 흔들리고 얻어맞은 만큼 맷집은 더욱 강해져 있을 것이다. 그러니 지난 시간을 후회하고 아쉬워할 시간에 내가 무엇을 할 수 있을까를 깊이 빠르게 찾아내서 사장 되기를 바란다.

사장으로 사는 인생은 누구에게도 기대지 않고, 기대하지도 않는 것에서 출발한다. 조금이라도 의존하고 싶었던 마음을 내려놓고, 내 인생은 오롯이 내가 책임지겠다는 마음을 가져야만 사장이 되기로 결심할 수 있다. 이 책이 당신의 가슴을 뜨겁게 하는 불쏘시개가 되길, 사장이 되는 그 길에 첫발을 내딛은 여러분을 환영한다.

나는 소택언니를 만나고
사장이 되기로 했다

−글로공명

새벽 기상을 시작한 것은 2014년의 일이다. 우연히 김미경 강사의 강연에서 '4시 30분은 스님과 목사님, 그리고 귀신만 일어나는 시간'이라는 말에 처음엔 웃어넘기다가 귀가 솔깃해졌다. 꿈을 이루고 싶으면 그 시간에 일어나라는 메시지를 들으며 갑자기 가슴이 방망이질하는 것처럼 두근대기 시작했다. 그렇게 거의 10년째, 자기 계발 세계에 몸담고 살고 있는 중이다.

풍당풍당일지언정 새벽 기상은 꾸준히 이어가고 있고, 책을 읽고, 운동하고, 강의도 듣고, 여러 자기 계발 모임에 참여해서 연을 이어가기도 했다. 그런데 이상하다? 이렇게 하라는 대로만 하면 금방 달라질 것 같앉는데 딱히 겉으로 드러나는 성과가 없다. 그럴 때마다 나 자신을 탓하는 것에 많은 에너지를 썼다. '넌 의지력이 부족해서 그래. 절실하지 않아서 그래.'

그럼에도 달리 할 수 있는 것은 없고, 가진 것도 없는 내가 이렇게라도 열심히 살지 않으면 안 될 것 같아 울며 겨자 먹는 심정으로 그 세계에 머물러 있었다. 여길 들어가면 좀 나을까, 저 강의를 들으면 더 성장할까. 여기저기 기웃거리다가 소택언니를 알게 되었다.

20년의 방송작가 생활을 하면서 소위 말하는 성공한 사람들, 대단한 사람들을 많이 만났다. 이제껏 읽은 책에서는 또 어떤가. 모두가 분명히 나보다 몇천 배는 나은 훌륭한 사람들이었건만 이상하게도 그중 어느 누구도 '닮고 싶다'라는 생각이 들지 않았다. 어떤 이는 내가 따라가기에는 너무 멀어서, 어떤 이는 책과 삶이 일치되지 않아서, 어떤 이는 가식적이어서. 쓸데없이 눈만 높았지만 내 나름의 이유는 분명했다. 처음이었다. '이 사람을 닮고 싶다'라고 생각한 것은.

52살. 소택언니는 티셔츠 하나에 면바지나 청바지를 입고 딸아이의 백팩을 메고 다닌다. 언뜻 보기에는 그냥 흔한 50대의 아줌마다. 하지만 그녀는 세금 전문가에 부동산 투자자에, 수많은 사람의 삶을 변화시킨 재무 상담가다. '사장이 돼라'는 외침답게 개인사업자와 법인사업자를 운영하고도 있다. 그런 그녀가 만나는 사람 중에는 몇 백억 자산가도 있고, 그들 중 상당수가 당연하게 외제 차를 몰고 다닌다. 옷장에 들어가 있는 옷만 따져도 몇억 되는 친한 지인도 있다 한다. 그런데도 그녀는 나를 만날 때나 그들을 만날 때의 모습이 달라지지 않는다. 여전히 티셔츠에 청바지를 입고, 낡은 QM3 자동차를 끌고 전국을 돌아다니며 사람들을 만난다. 그 모습 자체로 당당하다.

"언니는 어쩜 그렇게 자존감이 높아요? 어쩜 그렇게 여유로워요? 언니는 부러운 사람이 있긴 있어요?" 그런 그녀가 신기해서 물었다.

"50되면 다 그래. 자기도 그렇게 될 수 있어. 다만 40대를 열심히 살아야 해"

소택언니는 늘 말했다. 40대를 살아가는 엄마들이 안타깝다고. 저렇게 열심히 새벽 기상하고, 책 읽고, 강의 들으면 변화가 있어야 하는데 그렇지 않은 것이다. 실제로 나아지는 것 없이 열심히 하기만 하는 모습이 그녀가 보기에 영 아쉬웠다. 이렇게 똘똘한 애들이 능력 발휘 못 하면 시간 낭비, 돈 낭비 아니고 무엇이겠냐고, 두려워하지 말고 뭐든 해야 한다고, 그러기 위해서는 사장이 되어야 한다고 소택언니는 목소리를 높였다.

"사장되기 어렵고 겁나? 그럴 필요 없어. 언니가 다 알려줄게."

언니의 말 한마디 한마디가 콕콕 가슴에 찔려 박혔다. 언니가 안타까워하는 40대 여자가 바로 나였기 때문이다.

그녀가 말하는 여유롭고 편안한 50이 되고 싶었다. 몇 번의 만남과 이야기를 통해 그녀가 말하는 대로 따라만 한다면 나도 얼마든지 그런 50대가 될 수 있을 거라는 자신감과 확신이 들었다. 너무 저 높이에 있는 켈리 최보다 김미경 강사보다 소택언니를 믿고 따라가 보자! 내가 소주잔을 부딪치며, 함께 눈물 흘리며 만난 그녀의 삶을 믿어보자. 그렇게 해서 이 책이 탄생하게 된 것이다.

누구보다 치열한 40대를 보내고 52살이 된 소택언니가, 열심히 살고는 있지만 딱히 큰 성과를 이루지도 못한 채 침잠하고 있는 40대의 후배들에게 전하는 말이다. 그리고 그 '안타까운 40대 여자'의 가장 대표적인 사람인 46살의 글로공명이 소택언니의 말과 글을 종합해 다시 썼다. 글을 잘 쓴다는 이유 하나만으로 이 귀한 얘기를 독자들보다 먼저 만날 수 있다는 것은 감사하고도 영광스러운 일이다.

소택언니의 이야기를 들을 때면 자주 팔뚝에 토돌토돌 소름이 돋았다. 그 소름을 나와 같은 40대의 독자에게 전할 수 있다면 부족한 글솜씨가 그나마 빛을 발할 것 같다. 그리하여 부디 책을 읽는 당신이 함께 사장이 되는 길에 동참하겠다고 결심한다면 더할 나위 없이 좋겠다.

차 례

프롤로그

40대에 돈과 건강을 잃어 보았다면 꼭 사장이 되어야 한다   *4*
　–소택언니

나는 소택 언니를 만나고 사장이 되기로 했다   *8*
　–글로공명

Part 1

누구나 사장이 되어야 한다

당신이 열심히 살고 있다는 착.각   *19*

김 대리로 살 것인가? 김 사장으로 살 것인가?   *24*

내가 꿈꾸는 엄마의 모습을 그려라   *28*

사장이랑 백수는 한 끗 차이다   *33*

지천명에 비로소 알게 되는 하늘의 뜻   *37*

Part 2

가벼워야 사장으로 날아오른다

50은 사장되기 딱 좋은 나이다   45

어려운 일은 빨리 겪고 많이 겪을수록 좋다   49

뒤통수 맞는 것은 남 탓이 아니라 내 탓이다   54

네 잘못이 아니야   59

Part 3

답은 언제나 내 안에 있다

사장으로 살아갈 환경 세팅하기   67

우리는 역행자처럼 살 수 없다는 사실을 명심하라!   71

모르면 뒤통수 맞는 세상에서 살아남는 법   76

대박 아이템을 찾아 불나방처럼 뛰어드는 당신에게   86

내가 불편을 느꼈던 것을 팔아보자   91

사장이 되려는 자, 온라인 세상을 알아야 한다   96

Part 4 | 사모님 말고 사장님이 갖추어야 할 무기

사장이 되는 첫 번째 허들, 사업자등록증을 만들자!   105
사장이란 무릇 세금을 먼저 알고 돈을 벌어야 한다   122
사람을 경영하기 위해 반드시 알아야 할 것   134
물려주기는 미리 준비해야 한다   143

Part 5 | 우당탕탕, 그녀들! 사장이 되다

10년 동안 그냥 해온 일이 사업콘텐츠였다니!
　-월천아우라   155
남들이 다 가는 길이라고 정답은 아니다
　-도란도란 전대표   161
가족은 나의 힘. 나의 가정 먼저 경영하는 사장님이 될 거야!
　-필라테스라라   166

갱년기 우울증까지 치료해 준 사장되기 프로젝트

  -재벌맘   *173*

1인 기업에서 법인기업으로! 혼자 빛나는 별은 없다

  -꿈꾸는 서여사   *178*

Part 6

사장이 된 그대에게 전하는 마지막 당부

누구와 약속을 지켜야 하는가   *187*

이제와 생각하니 거짓이었던 조언들   *191*

나만 알고 있는 나의 힘든 경험들과 이별하기   *195*

내 마음의 디딤돌과 걸림돌   *201*

등 떠미는 사람은 누구인가   *204*

에필로그

20년 차 프리랜서에서 이제 사장이 되어 갑니다

  -글로공명   *207*

어쩌다 운이 좋아 내가 진짜 사장이 되었다

  -소택언니   *212*

유진 : 수나 놓으며 꽃으로만 살아도 될 텐데.
애신 : 나도 그렇소. 나도 꽃으로 살고 있소.
　　　다만 나는, 불꽃이오.
－드라마 [미스터 션샤인]

Part 1

누구나
사장이 되어야 한다

당신이 열심히
살고 있다는 착.각

쉰둘이라는, 조금은 늦은 나이에 소위 '자기 계발'이라 말하는 세계에 들어왔다. 2022년. 유례없는 코로나가 끝을 향해가고 있었고, 언택트의 시기를 틈타 온라인 활동이 극성수기를 이루던 시기였다. 이미 개인사업자와 법인사업자를 운영하면서 사장으로 살고 있었지만 조금 더 성장하고 싶다는 마음이 나를 온라인 자기 계발 세계로 이끌었다.

그동안 내가 알고 있던 세계와는 확실히 달랐다. 굳이 얼굴을 마주하지 않아도 24시간 함께할 수 있고, 무엇보다 비슷한 가치관을 갖고 인생의 목표를 향해 가는 동지들이 있었다. 매일 새벽이면 '굿모닝' 인사를 나누고 자신이 읽은 좋은 책을 공유하니 확실히 좋은 자극을 받았다. 그렇게 '온라인'이라는 새로운 세상 덕분에 사는 게 조금 더 즐거워졌다.

특히 열심히 살고 있는 40대의 동생들은 바라보는 것은 신선한 기쁨이었다.

40대가 어떤 나이인가. 내 40대를 돌아보면 숨 쉴 시간도 제대로 없이 많은 일들을 해내며 지나온 것 같다. 빚을 지고서라도 내 집 마련을 해 보는 나이가 40대이고 그 빚을 갚기 위해 먼 거리를 출퇴근하며 일하기도 한다. 직장이나 일에 있어서는 최고의 연봉을 받으며 능력을 인정받지만 수입의 대부분을 아이들 교육비에 투자한다. 남편이고 아내고 없는 에너지까지 끌어다 쓰며 열심히 살고 있는데 부부 사이는 예전 같지 않고 서로를 미워하다 시간을 낭비하는 시기이기도 하다. 그러기에 일에 지치고 감정이 복받쳐서 퇴사하고 싶고 이혼하고 싶은 나이도 40대이다. 아무 일 없이 살아도 벅차기만 한데 돈으로 큰 사고를 한번 치거나 심각한 건강상의 문제가 발생하는 나이 또한 40대이다.

그렇게 인생의 거센 파도에 조각배처럼 휘둘리면서도 꿋꿋하게 버텨왔지만, 40대가 끝나갈 무렵이면 정작 이뤄놓은 것은 없는 것만 같다. 아무것도 해 놓은 게 없고 할 줄 아는 것도 없이 덜컥 50대를 맞이하게 되면 어쩌나. 나만 노후 준비도 안 되어 있고 아직 키워야 할 아이도 있는데 난 그동안 뭘 했나 하며 자책하게 된다. 그런 그녀들이 모두 저마다의 간절한 사연을 품고 온라인 자기 계발 모임에 모여든 것이다.

함께 하는 즐거움을 느끼는 것도 잠시. 몇 달이 지나면서 궁금한 것이 생기기 시작했다. 이렇게 열심히 사는데 왜 달라지는 것이 없을까? 매일 새벽 4시부터 새벽 기상을 하고 책을 읽고, 서평을 쓰고, 블로그를 하고, 온갖 강의를 찾아 듣는데, 왜 몇 달째 제자리인 것만 같을까? 온라인 자기 계발 모임의 큰 비중을 차지하고 있는 40대 그녀들의 이야기다.

어쩜 그렇게 하나같이 능력도 많고 배움에 대한 열정도 있는지, 내가 보기에는 참으로 기특하기만 한 그녀들인데, 왜 이렇게 책만 읽고 있지? 이 정도 인풋을 했으면 아웃풋이 나와야 하지 않나? 자꾸 안타까운 마음이 들었다.

물론, 자신에게 닥친 상황에 그냥 절망하고 포기하는 것이 아니라 어떻게든 스스로의 힘으로 미래를 바꾸고자 처절한 현재를 보내는 그녀들이 대견하고 존경스럽다. 박수받아 마땅하다. 그런데 몇 달에 걸쳐 지켜보니, 그렇게 열심히 살면서도, 정작 당면한 문제들을 해결하는 경우는 거의 없었다. 누군가가 만들어 놓은 시스템을 배우느라 돈과 시간을 계속 쓰며 지쳐가고 어느 순간 조용히 사라져 다시 자기가 있던 동굴 속으로 들어가는 모습들이 대부분이었다.

그래도 조금이나마 먼저 인생의 길을 걸어온 50대의 선배로서 무엇을 가르쳐주고 어떻게 해결해줄 수 있을까. 40대의 그녀들을 안타까운 마음으로 바라보다가 가장 큰 문제점을 찾았다. 그녀들이 열심히 공부하고 노력하는 것에 비해 성과가 별로 드러나지 않는 이유, 가장 큰 답은 두려움이었다.

한 번도 스스로 무언가를 만들어 내고 끌어나가 본 적이 없어 막연히 실패와 실수에 대해 두려워했다. 그 두려움이 그녀들을 자꾸 한 자리에 머물게 하고 있었다. 그렇게 해서는 결코, 그들이 원하는 경제적 자유나 시간의 자유를 얻을 수 없다. 실행이 없는 자기 계발은 서글픈 자기 위안에 불과하다. '나 지금 이렇게 처절하게 열심히 살고 있어.' 라는.

김별아 작가는 중학생 아들과 함께 백두대간에 나선 이야기를 《이 또한 지나가리라》라는 치유의 산행기로 썼다. 산에 오르는 중학생 아이들은 '공부가 어렵다', '산행이 더 어렵다'로 이러쿵저러쿵 토론을 벌였다. 그런데 중학교 1학년 학생이 이렇게 말하더란다.

"그야 당연히 산을 타는 게 더 어렵죠! 공부는 하는 척할 수도 있지만 산은 타는 척할 수 없잖아요?"

중학교 1학년 아이의 현명한 말에 나도 무릎을 탁 쳤다. 그렇다. 인생도 등산처럼, 열심히 사는 '척' 해서는 정상에 올라갈 수 없다.

혹시 당신의 이야기는 아닌가? 자기 계발 한다는 미명아래 그냥 열심히 사는 '척'만 하고 있는 건 아닌가?

안다. 40대의 그녀들이 여건도 되지 않는데 꾸역꾸역 얼마나 기를 쓰고 열심히 살고 있는지. 그래서 더욱 안타까운 것이다. 부디, 그녀들의 '열심'이 빛을 보길 바란다. 그래서 나는 그녀들에게 사장이 되길 권한다. 스스로 인생의 사장으로 살아가야 한다.

내가 말하는 사장이란 우리가 흔히 생각하는 기업체를 경영하거나 사업장을 오픈하는 것만을 의미하는 것이 아니다. 자신의 삶과 환경을 스스로 선택하고 자신의 능력을 계발하고 성장해 가는 것, 그리하여 종국에는 내가 원하는 모습으로 살아가는 것이 인생의 사장으로 살아간다는 진정한 의미다. 물론 그러기 위해서는 좁은 의미의 사장으로부터 출발해야 한다.

사업이나 창업이 일부 고급 정보를 가진 계층들끼리의 리그였던 20세기나 혹은 코로나 이전의 상황과 비교해 보면 너무도 다양한 기회들이 우리 앞에 준비되어 있고 누구에게나 공평하게 열려 있다. 필요한 것은 하나, '사장이 되겠다'는 결심이다.

김 대리로 살 것인가?
김 사장으로 살 것인가?

"김 대리!"

카페 문을 열고 들어가자 나를 발견한 선배가 반갑게 손을 흔든다. 나 역시 환하게 웃으며 자리에 앉았다. 퇴사한 지 20년 가까이 지났지만 회사 동료나 선배를 만날 때면 나는 언제나 '김 대리'로 통한다. 이유는 너무도 단순하다. 그 회사를 나올 당시 내 직급이 대리였기 때문이다. 퇴사하던 그 순간의 직급이 영원한 꼬리표가 되는 것은 우리 사회에 여전히 남아 있는 웃지 못할 세태다.

재수 끝에 서울 근교 후기대학에 아슬아슬 입학했다. 고등학교 때가 사춘기였는지 많은 방황을 했기에 내가 원하는 대학교에 갈 수는 없었다. 그렇지만 학과만큼은 양보하지 않고 고등학교 때부터 꿈이었던 무역학과를 선택했다. 꼭 무역학과에 들어가서 전 세계를 누비며 일하고 싶었기 때문이다.

　대학을 졸업하고 동기들은 전공과 무관하게 공무원 시험을 준비하거나 금융권과 대기업 고시 등을 통해 나름 안정적인 직장에 취직했다. 남다른 연애사와 다양한 아르바이트경험으로 학점이 별로였던 나는 겨우 작은 해운회사에 입사할 수 있었다. 그래도 자랑스러웠다. 학점은 형편없었지만 무역학과 졸업생 중 전공을 살려 취업을 한 유일한 여학생이기 때문이다.

　대부분 고졸 여사원을 뽑던 해운업계에 희소했던 대졸 여직원이지만 특별한 업무는 없었다. 아침 청소와 서류입력 업무를 하면서 박봉을 받는데 나와 같이 입사한 남자 직원들은 영업부에 배치되어 영업비는 물론 인센티브까지 받고 일하고 있지 뭔가. 불합리하다는 생각에 영어테스트를 거쳐 영업부로 옮긴 후 나는 물 만난 고기가 되었다. 여느 남자 직원 못지않은 실적을 올리며, 부산항만이나 해외 출장 등도 마다하지 않고 열심히 일한 덕에 월급의 두 배 정도 되는 인센티브를 받기도 했다.

　문제는 대부분 여자들이 그렇듯 결혼과 함께 시작됐다. 입사 후 1년도 안 되어 결혼을 하고 아이도 2년 터울로 낳다 보니 회사에서는 탐탁지 않았을 것이다. 그럴수록 더욱 악착같이 일했다. 실적은 여전히 놓치지 않았고, 만삭의 몸으로 지방 거래처로 수금을 가기도 하고 주말에도 가장 늦게 퇴근하는 열심을 보였기에 20대에 대리라는 직급으로 승진할 수 있었다. 결혼과 육아라는 고비를 넘으면서 따낸 내 인생의 첫 승진. 뭐든 다 해낼 수 있을 것처럼 사기충천해 있었지만, 현실의 벽을 만

나는 데는 그리 오래 걸리지도 않았다.

같은 부서에 입사 10년 차 선배 언니가 있었다. 겨우 4년 차였던 내가 아무리 높은 실적을 올려도 승진은 입사순서대로 하는 것이 무언의 룰이었다. 실적을 인정받지 못하는 나도 나름 불만이 쌓였고, 그 언니 역시 내가 치고 올라오지 않을까 전전긍긍하고 있었다. 사장님도 같은 고민을 하고 있는 것 같아 괜히 입장이 난처해졌다. 결국 둘째 아이 양육에 문제가 생기면서 겸사겸사 퇴사를 결정했다. 서른세 살에 대리직급이 마지막이었다. 아마도 계속 같은 회사를 다녔다면 꽤나 곤란한 일들이 생겼을지도 모른다. 나보다 한 살이 많았던 그 언니는 여전히 같은 회사에서 근무하면서 부장을 거쳐 이사가 되었고, 나는 결국 김 대리로 남았다.

김 대리 시절. 누구보다 일찍 출근하고 가장 늦게 퇴근하면서 내 마음에 흡족할 때까지 업무를 처리했고 업계에서 아무도 시도하지 않는 많은 일들을 해냈다. 그럼에도 승진은 다른 사람의 손에 달린 일이었다. 회사에서는 입사순서에 맞게 선배가 서운해 하지 않을 만큼 날짜를 계산해 가며 승진을 시켜준다. 특히 작은 회사의 경우 모든 게 사장님 마음대로이기도 하다. 끝내 나는 퇴사를 결정했고, 대리로 퇴사한 순간부터 영원히 대리로 머물렀지만, 같은 회사에 남아있던 이들은 만날 때마다 과장이 되고 차장이 되고 부장이 되어 있었다.

그들이 부럽지 않았다. 언제부터인가 내가 사장이 되어야겠다고 생각하고 나를 '김 사장'이라 부르기 시작했기 때문이다. 사장님이 되기로 마음먹고 스스로 사장님이라 부르고 사장님처럼 살지 않았다면 나의 사회적 이름은 죽을 때까지 '김 대리'일 것이다. 회사에서 차례로 붙여주는 꼬리표를 기다리면서 나의 삶을 누군가에게 맡긴 채 살지 않기로 했다. 사장님은 누가 시켜주는 것이 아니다. 나 스스로 마음먹고 그렇게 살면 되는 것이다.

김 대리의 마인드로 수동적인 삶의 자세로 살 것인가 아니면 김 사장이 어울리는 태도와 품위로 살 것인가는 스스로 결정할 수 있다. 물론 그 결정에 따른 많은 무게의 책임과 우여곡절이 있겠지만 나는 사장으로 살기로 결심했다.

지금은 어딘가의 누구, 누군가의 누구로 살아가는 당신에게도 묻고 싶다. 김 대리로 살 것인가? 김 사장으로 살 것인가? 나의 자리와 나의 이름을 누군가에게 물어보며, 그들이 정해주기를 기다릴 것인가? 지금까지는 주어지는 삶을 살았다면 이제부터는 내가 나에게 직함을 주어야 한다. 내가 마지막에 불릴 이름은 내가 정해야 할 것이다.

내가 꿈꾸는
엄마의 모습을 그려라

　결혼하고 15년쯤 되었을 때일까. 엄마가 통장으로 500만 원을 송금해 주셨다. 무슨 돈인가 싶어서 엄마에게 전화를 걸었다.

　"엄마. 이 돈 뭐에요? 왜 이런 큰돈을 보내셨어요?"

　"너 지금 이 아프잖아. 다른 데 쓰지 말고 꼭 치과에 가서 치료받아. 괜히 생활비 하거나 딴 데 쓰지 말고, 꼭 병원 가"

　엄마는 다 알고 있었나 보다. 결혼 무렵 치료했던 충치들이 다시 말썽을 부려 치아가 전체적으로 너무 안 좋은 상태였다. 두 아이 키우면서 빠듯하게 살아가는 상황에서 치과 치료는 언감생심이다 보니, 진통제로 버티던 차였다. 아무에게도 티 내지 않았는데 엄마는 어찌 알았을까, 마음 한쪽이 묵직해졌다.

28

사실 엄마에 대한 좋은 기억만 있는 것은 아니다. 그 시절에는 파리채나 빗자루로 맞고 컸다는 말을 심심치 않게 들었던 것처럼 나 역시 엄마에게 자주 맞았다. 문제는 아무리 어린 나이여도 내 기준에서는 억울했다는 사실이다. 어린 나는 맞으면서도 눈물 한 방울 흘리지 않고 속으로 생각했다. '내가 이 정도의 체벌을 당할 만큼 잘못한 건가?' '상대적으로 몸집이 작고 어린 자녀를 훈육하는 방법이 힘으로 제압하는 것밖에는 없을까?' 그래서 뭐든 미리 준비하고 일 처리를 바로바로 하는 습관을 들였던 것 같다. 매 맞는 게 아프다거나 두렵다기보다는 억울하고 분한 마음에 엄마를 미워하게 될까 봐 그게 걱정이었던 것 같다.

지금 생각해 보면 그때 엄마는 지금 내 나이보다도 훨씬 어린 30대 후반이었다. 돈벌이와 육아를 같이 하는 워킹맘이 흔치 않았던 시절이었고, 남편의 외도와 기댈 수 없는 친정 등이 그녀를 팍팍하게 만들었으리라 이해가 된다. 그럼에도 엄마처럼, 내 아이를 키우지 않겠다는 다짐이 마음 깊이 자리 잡기도 했다.

그러다가 엄마가 말 그대로 묻지도 따지지도 않고 보내 준 500만 원. 아팠을 텐데 어떻게 참았냐며, 다른 데 쓰지 말고 꼭 치과에 가라는 엄마의 말을 들으면서 나는 그때야 결심했다. 엄마 같은 친정엄마가 되겠다고.

오랫동안 크고 작은 장사를 했던 엄마는 그 무렵 경제적으로 꽤 여유로웠다. 그렇다고 해도 500만 원은 선뜻 내주기에는 큰돈이다. 게다가 당시에는 경제활동을 한다고 해도 남편 몰래 돈을 운용하는 엄마들이 많지 않은 시절이었다. 젊어서 조금 고생했지만 남편의 눈치를 보지 않고 큰돈을 떡하니 건네주는 엄마가 멋져 보였다.

그런 엄마를 보면서 나는 엄마로서 또 다른 모습을 꿈꾼 것이다. 아이들이 모든 문제를 스스로 해결하도록 지켜봐 주다가도 정말 힘들 땐 경제적으로도 숨통을 트이게 해 주는 능력 있는 엄마로 살겠다고.

엄마로서 나의 최종 목표는 두 딸이 스스로 살아가는 힘을 가진 사람이 되었으면 하는 것이다. 돈을 벌고 관리하는 방법과 먹고 치우는 일상을 혼자 해 나가며 어떤 것도 누군가에게 의지하지 않는 독립적인 삶을 살았으면 좋겠다. 돈이든 생활이든 누군가에게 의지한다는 건 동등함이 깨지는 관계 즉 노예의 삶이며 자유를 저당 잡힌 삶이라는 걸 알려주고 싶다. 그것이 결혼이라는 제도로 형성된 가족일지라도 말이다. 그것을 말이 아닌 나의 삶으로 보여주고 있다. 사장이 되어 내 인생을 경영하는 모습으로.

물론 아이들이 어릴 때는 나보다 약한 존재인 자녀를 우선적으로 양육하는 것이 맞다. 아직 어린아이들을 키워야 하는 40대라면 그 시간을 사장이 되기 위해 미리 쌓아두는 시간이라고 생각하자. '나'로서의 삶을 찾고 싶다고 성급하게 나섰다가는 일과 육아, 둘 다 놓치는 아찔한 상황이 발생할 수도 있다. 아이가 청소년기만 되어도 한결 수월해진다. 그때는 오히려 엄마가 '나의 삶'에 집중할 때 아이와의 관계도 훨씬 좋아질 수 있다.

20대인 두 딸이 아직 경제적으로 완벽하게 자립하지는 않았지만 등 떠밀어서 사회로 내보내거나 '헝그리 정신'을 배우라고 일부러 힘겨운 시간을 겪게 하지는 않을 것이다. 앞으로 우리 아이들이 살아가야 할 세상에서 알아야 하고 가져야 하는 것들을 현명하게 잘 선택할 수 있게 많은 경험을 하게 도와주고 지켜봐 주려고 한다. 뭐든 기본기를 잘 닦아서 시작하고 내가 없을 때도 자신을 믿고 쉽게 흔들리지 않는 삶을 살 수 있도록 본인의 선택에 응원과 지지를 아끼지 않으려고 한다. 그러기 위해서는 엄마의 경제적 능력이 반드시 필요하다.

마음으로만 응원해 주는 것은 분명 한계가 있다. 그리고 눈치 빠른 자녀들은 엄마가 경제력이 없다고 느껴지면 부담 주지 않으려고 어려운 일들은 말하지 않고 숨기는 경우가 많다. 물론 나도 어찌해 줄 수 없는 상황이라면 자세히 알아도 더 괴롭기만 하다. 하지만, 내가 생각하는 경제적 능력이란 돈이 많은 엄마만을 말하는 건 아니다. 부동산이나 대출 혹은 진로 문제들에 있어서 함께 고민해 주고 경험을 통해 지혜로운 조언을 해 줄 수 있는 엄마도 경제적 능력이 있는 엄마이다.

다행히 나는 내가 꿈꾸었던 대로 두 딸에게 그런 엄마가 되었다. 덧붙여 두 딸의 친구들마저 궁금하고 막막한 게 생길 때면 '너희 엄마한테 물어봐줄래?'라고 부탁하곤 한다. 친구들의 고민을 대신 전달하고 엄마의 조언에 귀 기울이는 딸들의 모습을 보면 그래도 내가 제법 잘 살아왔다는 생각에 흐뭇해진다.

내 아이가 힘들어할 때 해 줄 수 있는 게 없어 고개를 돌릴 수밖에 없는 엄마가 될 것인지 아니면 지혜와 돈으로 당당한 도움을 줄 수 있는 엄마가 될 것인지 선택해야 한다. 지금 당장은 아이들 양육에 그리고 교육에 많은 비용과 시간을 쓰느라 간과하고 있다면 잊지 말고 나를 키우는 비용을 꼭 마련하기 바란다. 나를 공부시키고 성장시켜서 사장으로 사는 엄마가 되자. 내가 세상에서 제일 사랑하는 내 아이 옆에 능력 있고 지혜로운 어른으로 든든한 버팀목이 되어주자. 엄마인 당신이 사장이 되어야 하는 가장 강력하고 절실한 이유다.

사장이랑 백수는
한 끗 차이다

"언니 요즘 뭐해? 바쁘지?"

나에게 전화를 건 지인들의 첫 마디는 대개 이렇게 시작한다. 내가 바쁠 걸 뻔히 알면서도, 용건이 있어서 전화를 하다 보니 늘 조심스럽게 시작하는 첫 마디. 그도 그럴 것이 불과 몇 년 전만 해도 나는 늘 바쁜 언니로 소문이 나 있었다. 우연히 내 다이어리나 스케줄러를 보게 된다면 모두 고개를 절레절레 흔들었다.

경기도 외곽에 살면서 두세 시간의 출퇴근 시간을 포함해 하루에 열두 시간 이상 일했고 하루에 네다섯 가지의 일정을 소화했다. 택시보다 더 많은 운행기록을 올리던 때도 있었고 휴일 없이 투잡, 쓰리잡을 했다. 직업이 많으니 항상 명함도 기본 두세 가지를 들고 다녀야 했다. 그런데 서글픈 건, 그래도 늘 통장에는 마이너스 대출이 있었다는 사실이다. 결혼하고 25년 정도 그렇게 살았으니 나에게나 지인들에게나 디폴트값이 '바쁨'으로 설정되어 있던 사람이다. 그런데 지금은 딱히 뭘 한다고 말하기 어려운 백수이다.

오전 내내 집안일을 하고 점심을 먹고 느지막이 집을 나선다. 동네 마실 가듯 슬렁슬렁 슬리퍼를 끌고 향하는 곳은 딸아이 이름으로 오픈한 우리 가족의 무인카페. 공짜 커피를 한잔 마시고 손님인 척 자리에 앉아 노트북을 켠다. 나만의 공간으로 출근하는 셈이다. 그렇게 내가 일하고 있는 동안에도 계속 손님들이 커피를 사 가는 결제음이 들린다. 지금 내가 하고 있는 일과는 상관없이 또 다른 파이프라인이 계속 돌아가고 있음을 알리는 행복한 소리다.

이 책의 많은 부분 역시 이 공간에서 썼다. 책을 완성하기 위해 정신없이 노트북 자판을 두드리다보면 어느새 카페 창밖이 어둑해진다. 예전 같으면 이미 자리에서 일어나야 할 시간이지만, 퇴근 시간 지옥철을 타지 않아도 되니 좀 더 여유를 부려도 좋다. 열심히 일하는 나에게 주는 선물로, 책 한 권을 다시 펼쳐 든다. 누군가 또 내 안부를 묻는 메시지가 온다. "언니! 지금 뭐 해?" 그럼 빙긋 웃으며 답을 보낸다. "응. 놀고 있어"

지금 나는 5개의 사업자 등록증을 가지고 있다. 가족들 명의의 사업자까지 다 합하면 총 7개이다. 막상 매월 총소득으로 따지면 직장을 다닐 때보다 훨씬 적다. 그렇다면 나는 백수일까 아니면 사장일까? 지금 이 책을 쓰게 된 이유도 이 질문에서 시작되었다. 백수도 사장도 스스로 하루 일과를 선택한다는 점에서는 같아 보인다. 그러나 나는 스스로 백수 아니고 사장이라고 말한다. 그리고 나처럼 사장으로 살아가라고 알려주기 위해 이 책을 쓰기로 결심했다.

몇 십 억의 자산을 준비해 놓은 것도 아니고 세상에 없는 새로운 사업 아이템으로 대박을 낼 수 있는 노하우를 알려줄 수도 없다. 그래도 50부터는 사장으로 살아가라고 하는 이유는 단 하나이다. 나는 지금 너무 행복하다. 내 스스로가 너무 대견하다. 정신없이 앞만 보고 달려가던 30대에는 물론이고 여기저기 치이며 흔들리던 40대에도 느낄 수 없었던 이 느낌. 하루를 꽉 채우는 이 만족감을 어떻게든 전해주고 싶었다.

"언니, 뭐해?"라는 안부 문자 속에 꼭꼭 숨겨놓은 저마다의 고민과 걱정거리와 한숨을 안다. 남몰래 목 놓아 울고 싶었던 40대의 내 모습이 안쓰러워서, 그때의 나를 위로하는 마음으로 그녀들을 다독이곤 했다. 마음과는 달리 몸이 하나이니 한 사람 한 사람 붙들고 설명해 주기 어려워서, 책을 쓰기로 결심했다. 몸과 맘이 무너져서 혼자서는 막막하기만 할 것 같은 40대 그녀들을 위해서 내 작은 손이라도 내어주고 싶었다.

최근에 온라인에서 만난 그녀들은 내가 보기에는 각자가 너무도 예쁘고 똑똑하고 현명했다. 게다가 열심히 노력까지 다하고 있다. 그런데도 알 수 없는 두려움에 머뭇거리는 것이 안타까웠다. 본인이 이루어 놓은 것들이 아무것도 없다고 생각하는 지나친 겸손함은 아마도 시대적으로 잘못 학습된 교육 때문이었으리라.

《82년생 김지영》이라는 소설이 나와 크게 이슈가 된 것이 2016년의 일이다. 그때의 김지영은 지금 온라인 어딘가에서 새벽 기상과 독서를 시작한 40대가 되었을지도 모른다. 그녀가 또 한 번 좌절하지 않도록 해답을 주고 싶다. 이젠 사장으로 살아갈 준비를 하라고.

아무것도 팔 것이 없을 때 나는 사업자 등록증을 만들었다. 그날부터 나는 사장님이었다. 컨설팅업으로 시작한 내 사업은 늘 마이너스였지만 아직도 그 사업자 등록증을 소중하게 유지하고 있다. 2018년 1월 1일 개업일 이후 나는 더 열심히 공부하고 경험을 쌓았다. 누군가 컨설팅을 받고 싶은 사람이 되기 위해서. 딱히 뭐부터 배워야 한다는 순서도 없고 나를 찾는 고객이 없어도 실력을 쌓아갔다. 내 힘으로 돈을 벌지 못한다고 다 백수는 아니다. 남이 주는 월급보다 적게 벌고 있다고 능력이 작아진 것도 아니다. 나는 스스로 나를 고용했다. 그리고 사장 직함을 주었다.

그렇게 살아온 세월이 있어서일까. 요즘은 나에게 무언가를 물어보러 오는 이들이 꽤나 있다. 내 사업의 확장은 내 공부의 확장과 내 시야의 확장과 같다고 생각한다. 무언가 하고 싶은 일이 있다면, 사장하기로 결심했다면 멈추지 말고 나를 그것에 걸맞은 모습으로 채워나가다 보면 어느새 백수가 아니라 사장의 모습으로 살고 있을 것이다.

당신이 지금 어디에 있든 뭘 하는 사람이든 상관없다. 사장으로 태어난 우리의 인생, 우리에게 주어진 운명대로 부디 이제부터 사장이 되길 바란다. 자유로운 백수 사장으로 행복한 오늘을 살아가는 나 소택언니처럼.

지천명에 비로소 알게 되는
하늘의 뜻

엄마는 계절이 바뀔 때마다 '절기는 정직하다'는 말씀을 자주 하곤 하셨다. 기후 환경은 계속 변하고 있고, 이제 우리 사회는 농경사회가 아니니, 사실 '절기'는 요즘 사람들에게 크게 의미 있는 날이 아니다. 그래서 엄마가 그 말씀을 하실 때면 '또 하시는 말씀이네' 하고 넘어가곤 했다. 그러다가도 그 무덥던 더위가 지나고, 입추가 지났을 때 정말 정확하게 그때를 기점으로 바람의 기온이 달라지는 걸 느낄 때면 나도 모르게 엄마처럼 중얼거리곤 한다.

'절기는 못 속이는구나!'

한낮의 무더위는 사라지지 않았어도, 여전히 말복이 떡하니 버티고 있어도 입추가 지난 순간, 슬금슬금 가을에 대한 기대감이 올라간다. 우리 조상들의 지혜는 참으로 대단하다고 이름도, 얼굴도 모르는 분들을 칭송하게 된다.

불혹이니, 지천명이니 하는 공자의 나이 법에 대해서도 요즘과는 맞지 않다는 말이 많다. 40대가 되면 불혹되기는커녕 끊임없이 세상과 나 자신에 미혹되어 살아가고, 지천명이 웬 말, '나도 나를 몰라!'하는 나이가 50이니 그럴 만도 하다.

그런데 정말 신기하게도 나는 50이 되면서 갑자기 하늘의 뜻을 꽝! 깨닫게 되었다. 내가 깨달은 하늘의 뜻은 나는 사장으로 살아가도록 태어났다는 것이다. 지금 나의 언어로 사장이라고 일컫는 것이지만 각자가 자신의 삶을 스스로 살아가도록 태어났다는 뜻이다. 나뿐 아니라 모든 사람은 태어나는 순간부터 오롯이 자신의 삶을 살아가야 한다. 하늘이 나에게 평생을 남을 위해 살라고 이 세상에 보내지 않았다는 것이다. 내가 하지 않으면 아무도 대신해주지 않는다는 마음으로, 주인 된 마음으로 살아야 한다.

재무 환경변화나 투자가 두려운 이유가 돈을 잃는 것 때문이라면 잘 생각해 보시라. 우린 처음 태어날 때부터 가진 게 없이 태어났다. 태어나 보니 금수저라면 그건 부모님이 본인의 능력과 노력으로 소유하고 있었던 것일 뿐 내 것은 아니다. 오롯이 내가 만들었고 가지고 있는 것만이 내 것이다.

성인이 되고 돈벌이를 하게 되면 내가 받는 돈으로 '나의 능력'을 평가받는다. 직장에 다니면 월급이라는 형태로 나의 등급을 매긴다. 물론 그런 규칙이 필요하기도 하다. 그렇다면 평생 타인의 평가만을 받으며 살 것인가. 아니면 내가 나의 자리와 행동을 결정할 것인가. 50년을 외부의 기준에 나를 맞추며 살았다면 이제 남은 50년은 내가 주인이 되어 사장이 되어 살아가야 하는 나이이다.

나는 사장으로 태어나서 사장의 삶을 살고 있고 또 다른 사람들도 사장으로 살 수 있도록 돕는 것. 그것이 또한 하늘이 나를 세상에 보낸 뜻이란 걸 나이 50에 깨달았다. 그래서 나에게는 '지천명'이다. 그렇게 생각하고 나면 지난 20년간 내가 겪었던 경험들, 아픔과 실패가 하나같이 값지게 느껴진다.

30대에 내가 처음 사장이 되었고 엉망으로 실수투성이였던 경험들과 40대에 모르는 분야는 외면으로 일관하다가 큰 손해를 겪었던 어설픈 사장, 그리고 50대에 법인이라는 조직을 만들면서 사회적 책임이 막중한 사장의 역할을 해나가는 지금까지, 사장으로 살아가는 많은 이야기들을 꼭 전달하고 알려야 하는 것이 나의 소명이며 천명임을 알게 되었다. 막연하게 알고 있으며 누구도 알려주지 않는 사장의 준비물을 하나하나 챙겨주고 든든하게 도시락도 하나 싸서 인생 학교로 등교 시켜주어야겠다고 다짐하게 된다.

나를 찾아와 상담하는 많은 40대의 후배들에 내 모습이 겹쳐 보인다. 그래서 가끔은 따뜻한 쓴소리도 마다하지 않는다. 내가 여자여서, 사회생활이 짧아서, 집안일을 해야 해서, 아이들을 보살펴야 해서, 내가 가진 자금이 많지 않아서 등등. 각자만의 핑계와 이유들이 있으리라. 그럼 그런 장애물들은 누가 나를 대신해서 치워 줄 수 있을까? 아무도 대신해 주지 않는다. 이런 핑계와 걸림돌들만 부여잡고 있다면, 평생 누군가에게 얽매인 삶을 살 수 밖에 없다.

앞서 말한 것처럼 우리는 아무 것도 가진 게 없이 태어났다. 그 50년 전과 비교하면 지금은 너무 많은 것을 갖고 있다. 당신이 해온 경험과 실수들이 자산이 될 수 있고, 그것을 발판 삼아 남은 50년을 위해 다시 태어나야 한다. 내가 사장으로 살아가고자 하는 것, 사장으로 살아가야만 하는 많은 후배들에게 나의 경험을 전하고 효율적인 방법을 전수하는 것, 그리고 무엇보다 용기를 북돋워 주는 것. 그 모든 것이 50대에 깨달은 하늘의 뜻이다. 그것처럼 당신에게도 분명, 이 땅에서 다해야 할 소명이 있다.

사장으로 사는 삶은 끊임없이 움직이고 성장하는 삶이다. 나를 따라하고 배우고 싶다고 말하는 사람을 만나면 그 소명에 대해 생각해 본다. 매순간 나의 말과 행동이 '사장이 돼라' 가르치는 사람에 맞는 태도인지 바라보며 조심하고 더 조심하며 단정하게 살아가야야겠다 깨달은 것이 지천명인 50에 나에게 온 큰 선물이다. 내가 먼저 변하고 실행하고 그리고 나서 전해주고 함께 성장하는 것이 맞는 순서이리라. 내가 부족해서 알려줄 수 없는 것이 있다면 내가 다시 배우고 더 익히고 먼저 경험해 보고 계속 알려주며 살아가야겠다고 다짐한다.

50에 먼저 와보니 누구나 사장으로 살 수 있더라고 말해주며 육아에, 환경에 지친 40대들을 격려하고 응원하고 싶다.

"힘내서 조금만 잘 버텨 보자, 40대 후배들아. 흔들림과 어려움이 너를 힘들게 한다면 30대 때 앞만 보고 달리면서 천방지축이었던 지난 내 모습을 떠올려 보고 그때보다 많이 성숙해진 지금의 자신을 보길 바란다. 이 시간 또한 지나갈 것이고 사장으로 살아가기 딱 좋은 50이 되면 어떻게 살고 싶은지 계획하고 상상하고 설레 보는 건 어떨까?

출렁다리를 건널 때는 뒤도 아래도 보면 안 되고 멀리 앞만 보고 한 걸음 한 걸음 신중하게 건너야 하는 거 알지? 40대라는 출렁다리를 무사히 건너면 50부터 내 인생의 사장으로 살아가는 방법을 언니가 알려줄게. 아니, 알려주기 전에 스스로 알게 되는 나이가 지천명이니 무사히 출렁다리를 건너오기만 하면 될 거야. 기다리고 있을게."

나 자신에 대한 자신감을 잃으면
온 세상이 나의 적이 된다
-랠프 월도 에머슨

Part 2

가벼워야 사장으로
날아오른다

50은 사장되기
딱 좋은 나이다

2020년 나는 오십이 되었다. 코로나로 전 세계가 혼란스럽던 그때다. 해외로 유학 보냈던 큰딸도 급히 귀국하고, 진로 문제로 고민하던 둘째 딸은 휴학을 했다. 그나마 이 정도는 약과였을지도 모른다. 사회 전체가 이렇게 흔들린 때가 있을까 싶을 정도로 누군가는 직업을 잃고 가족을 잃는 안타깝고 기막힌 상황이 발생하던 때였다. 길고 길었던 나의 40대의 끝자락과 뭔가 새로워야 할 것만 같은 50대의 시작도 사회적 혼란에 파묻혀 성큼 다가와 있었다.

약간의 치매 증상이 있으신 80대 중반의 시어머니와 코로나로 사무실 출근이 막혀 일거리가 없었던 50대가 된 나, 그리고 아르바이트 자리도 간신히 구할 수 있는 20대의 두 딸까지. 4명의 여자가 한집에서 복닥거리고 있었다. 소득원이라고는 남편의 월급이 전부였다. 그마저도 5년 안에 정년퇴직을 해야 한다는 위기 앞에 불안한 상태였다.

큰딸의 유학자금과 둘째 딸의 예체능 학비 등으로 많은 교육비를 쓰며 정신없이 지내온 40대 때보다는 지출 면에서 그나마 숨 쉴 만했다. 그렇다고 재정적으로 아주 여유롭지는 않았다. 반대로 시간은 너무 많이 남아서 자꾸 여러 생각들을 하게 되었다.

나의 40대 10년을 다시 돌아보고 앞으로 50대 10년을 또 어찌 살아야 하나. 그리고 눈 깜짝할 사이에 지나온 40대처럼 또 10년이 흐르면 나는 60대가 될 텐데 그때 나는 어떤 모습일까? 내가 원하는 모습으로 살기 위해서 나는 지금 무엇을 해야 하나? 등등 이것저것 생각이 많았다.

사춘기 이후 처음으로 나 자신에 대해 많은 생각을 하게 되는 나이가 50이다. 나 역시 그런 시기를 밟아 가고 있었지만, 막상 내가 살고 있는 환경을 하나하나 둘러보니 나를 챙기기는커녕 내가 책임져야 하는 부분이 너무 많다는 생각이 들었다. 몸도 마음도 그 어느 것 하나 제대로 챙길 수가 없는 상황인 것이다.

함께 모시고 사는 시어머니의 수발은 물론이고 암 환자인 친정엄마의 병원 스케줄까지 관리해야 한다. 아직은 제대로 된 직장이 없는 20대 두 딸들의 취업과 미래는 여전히 걱정되는 일이다. 집안 대소사를 챙기는 것도 남편에게 맡기기엔 미덥지 않기는 마찬가지다. 그동안 관리해 오던 고객들도 잊지 않고 안부를 물어야 했다.

내가 해야 할 일은 너무 많고 누구도 대신해 줄 수 없기에 괜스레 짜증이 나고 우울해지는 경우가 많았다. 그런데 이 모든 일들이 정말 다

'내가!' 해야만 하는 일일까? 어느 순간 그 모든 일들을 다 내가 하지 않아도 된다는 생각이 들었다. 내가 직접 해야 한다는 것은 나만의 생각일 뿐, 어쩌면 내 마음이 불편해서 쥐고 있었던 일이었는지도 모른다. 나는 그렇게 '반드시' 내가 해야만 하는 일과 하지 않아도 되는 일을 구분하기 시작했다.

드라마 [응답하라 1988]에서 기억나는 장면이 있다. 두 아들의 엄마 라미란은 친정에 일이 생겨서 이틀 정도 집을 비우게 된다. 세 부자만 남겨놓고 가려니 불안과 걱정이 오죽했을까. 일을 보는 둥 마는 둥 서둘러 집에 돌아오니 어라? 세 사람은 생각보다 너무 잘 지냈다. 분명히 기쁜 일이고 이제 한시름 놓았다고 어깨춤을 춰도 되건만 라미란은 오히려 침울해진다. 어쩌면 그녀 자신도 '내 기분이 왜 이렇게 안 좋지?' 하면서 그 원인을 몰랐을지도 모른다.

이를 눈치 챈 둘째 아들이 일부러 사건 사고를 저질렀을 때 라미란은 그제야 살맛이 난다. 라면을 끓이다 손을 다친 큰아들을 치료하며, 남편이 깨트린 연탄재를 치우며, 둘째 아들의 옷을 찾아주며 "나 없으면 다들 어떻게 살려고 그래"라는 안도의 잔소리를 내뱉는다. 가족들을 챙겨줄 때만 엄마로서 아내로서 스스로의 존재에 가치를 더한다. 이해 못할 바도 아니다. 다만 반드시 기억해야 한다. 드라마 제목 그대로 그때는 바로 1988년, 지금으로부터 40년 전의 상황이라는 사실이다.

그럼에도 불구하고 주변에서 이런 생활을 하는 50대 여성들을 많이 본다. 아무도 부탁하거나 강요하지 않은 일들을 매일매일 반복하며 힘겨워한다. 어쩌면 미래에 대한 불안함, 사회 속에서 설 자리가 없는 현실의 방패막이로 삼고 있을지도 모른다. 누군가의 아내, 아이들의 엄마, 딸이나 며느리. 그 역할이 아니고서는 스스로를 규정지을 존재가 없으니 그 일을, 그렇게라도 열심히 하는 것이다.

그래서 나는 결심했다. 가족이나 주변을 위한 일이 아니라 나를 위한 일을 하나라도 시작해야겠다고. 10년 후 내가 60대가 되었을 때 내 사랑하는 가족이 내 발에 족쇄를 채웠다고 원망하지 않으려면 나 스스로 주도적인 삶을 사는 연습을 해야겠다고.

50대가 되고 보니 그동안의 삶의 경험들이 헛되지 않게 내가 많이 똑똑해지고 어지간한 일에는 겁도 나지 않는 조금은 단단한 사람이 되어 있었다. 나뿐만이 아니라 주위에서 보게 되는 많은 50대는 이미 사장으로 살아갈 수 있는 충분한 준비가 되어있다. 다만, 우리는 스스로의 능력을 크게 보지 못하고 이젠 나보다 더 나약해진 남편의 뒤에 여전히 숨어 있고 싶어 한다. 자녀의 핑계를 대고 싶어 한다.

이젠 더 이상 내 삶을 가족의 조력자로만 한계 짓지 말자. 나 스스로 나를 도와주자. 아이들은 이제 엄마의 간섭보다는 엄마의 무관심이 필요하고, 남편과는 조금 떨어져 지내는 것이 더 좋은 시기다. 게다가 무엇보다 50이 되면서는 세상 풍파를 겪고 어느 정도 마음이 단단해져 있다. 그러니, 내 일이 아니다 싶은 것들은 탁 놓아버리자. 그래도 되는 나이다. 지금까지 잘 살아왔던 나를 믿고, 가족을 도왔듯 나를 돕자. 50대는 사장되기 딱 좋은 나이다.

어려운 일은 빨리 겪고
많이 겪을수록 좋다

최근 온라인 커뮤니티에서 만난 A는 뽀얀 피부와 구김 없는 미소가 무척이나 아름다운 40대 초반의 여성이었다. 딱 봐도 별로 고생한 것 없이 잘 자란 듯한 느낌이었는데, 역시 사람은 겉모습으로만 판단하면 안 되는 것이었다. 처음으로 A와 개인적인 이야기를 나누게 되었는데, 그에게도 역시 남모를 사연이 있었다.

30대부터 남편의 사업이 너무 잘 되고 돈을 많이 벌었단다. 그런데 남편 회사 직원의 배신으로 전 재산을 날리고 사업도 큰 타격을 입게 된다. 일찍부터 장만했던 아파트 세 채가 모두 날아가고 지금 남은 거라곤 작은 아파트에 월세로 살고 있는 현실, 감당할 수 없을 정도의 카드 빚과 마이너스 대출뿐이었다. 아니, 냉정하게 말하면 상황은 더 심각했다. A가 집안에 꼭꼭 숨어 지내며 우울증과 싸워야 했고, 아이들은 방치하고 남편을 원망하는 하루하루를 보내고 있었기 때문이다. 경제적인 문제보다 더 모두를 힘들게 한 것은 이렇게 몸과 마음이 망가진 A의 상태였다.

둘 다 이른 나이에 성공했던 터라 돈에 대한 어려움을 잘 몰랐다. A 역시, 결혼 후에는 직장을 다닌 적도 없고 거침없이 소비만 하며 살아왔다. 너무도 편하고 풍족하게 40대 초반까지 살다 보니 할 줄 아는 것도 없고 돈을 다루는 법도 전혀 모르는 상태였다. 그러니 피부로 받아들이는 충격은 남들보다 몇 배는 컸으리라는 사실이 짐작되고도 남았다.

인생이 재밌는 건, 꼭 시련만 주지는 않기 때문이리라. A는 우연히 읽게 된 책 한 권에 용기를 얻어 이젠 스스로 조금씩 돈을 벌어보려 시도하고 철 들어 가고 있는 중이다. 게다가 더욱 큰 선물이 있었다. 돈 잘 버는 남편은 잃었지만 대신 다정하고 따뜻한 남편을 다시 얻은 것이다.

그동안 남편은 돈 버느라 바쁘고, 너무 잘나가니 자만심 가득하고 가부장적이었다. 그런데 한 번의 큰 실패 이후, 남편은 아내에 대한 고마움을 알게 되었다. 우울증을 극복하고 경제적인 공부들로 수입을 만들어가는 아내에게 무척이나 고마워하고 응원하며 안하던 집안일도 스스로 척척 하더란다.

계속 아무 일 없이 사업이 잘되었다면 남편이 그리도 다정하고 이해심 많은 사람인지 몰랐을 것이라는 이야기도 했다. 너무 일찍 젊은 나이에 성공하고 나서 크게 어려움도 겪고 나보니 이제 앞으로는 어지간한 일에는 흔들리지 않고 잘 살아갈 수 있을 것 같다고 했다. 진짜 행복이 뭔지 더 늦기 전에 깨닫게 되어 다행이라는 그녀에게 축하한다고 말해 주었다. 이젠 잘 살고 성공할 일만 남았으니 맘껏 즐기면 되는 거고 남들보다 일찍 큰 실패를 겪었으니 남은 날들이 더 축복이라고 응원했다.

돌이켜 보니 나도 마흔두 살 때가 가장 힘들었던 시절이었다. 양평 산골짜기에 살면서 매일 매일 새벽에 출근해서 밤늦게까지 상담 고객을 만나며 열심히 일해도 내 손에 남는 돈 하나 없이 모두 대출이자로 나가버렸다. 끝이 보이지 않는 터널 안에서 이리저리 헤매는 것 같은 막막한 시절이었다.

도대체 이 빚은 언제 다 갚을 수 있는 걸까? 대출 없이 살 수 있는 날이 오기는 하는 걸까? 지금 하고 있는 일을 언제까지 계속할 수 있을까? 내가 이렇게 바쁘고 정신없이 사는데 우리 아이들은 잘 자라 줄 수 있을까? 언제쯤이면 제대로 엄마 노릇을 할 수 있을까?

끊임없이 걱정하고 불안해하며 살았다. 힘든 주변 환경에 파묻혀 사느라 점점 초라해져가는 나를 내가 인정해 주지 못했던 것 같다. 그런데 좌충우돌 40대를 정신없이 지나고 나니 어느새 단단하고 믿음직스러운 50대의 내가 있었다.

나는 그래서 지금 힘든 40대를 보내는 그녀들이 안타깝지만 또 다행이라고 생각한다. 어렵고 힘든 일은 빨리 겪을수록 좋다. 너무 뒤늦은 나이에 찾아오면 일어설 힘이 없다. 그대로 무너지고 만다. 그러니 다시 일어설 수 있을 나이에 어렵고 힘든 일을 많이 겪으면 그 경험이 분명 나의 재산이 된다.

나이가 들면 체력적으로나 경제적으로 점점 약해진다고 생각하는 경우가 대다수이리라. 나는 그렇게 생각하지 않는다. 지나온 삶의 과정 속에 더욱 현명해지고 유연해진 내가 있다. 만약 내가 더 잘 살고 싶고 원하는 것이 있다면 세월과 경험을 더한 나의 잠재력이라는 무기를 스스로 찾아내야 한다. 그러기 위해서 가장 좋은 방법은 내가 겪어야 하는 어려움의 총량이라는 숙제를 일찍 끝내는 것이다. 기회가 될 때마다 더 힘들 것 같고 할 수 없을 것 같은 어려운 일들을 도전해 보고 나만의 해결방법과 마음가짐을 차곡차곡 쌓는다면 내안에 그 대단한 놈을 일찍 만날 수 있다.

아주 오래전 주철환 PD의 강의를 들은 적이 있다. 그가 말하길 사람은 누구나 주머니를 갖고 태어나는데 그 안에는 '성공'과 '실패'라는 구슬이 똑같이 들어있다고 한다. 그래서 처음에 '성공'의 구슬을 많이 꺼낸 사람은 나중으로 갈수록 점점 '실패'의 구슬을 꺼낼 확률이 더 높아진다는 것이다. 젊은 청춘을 대상으로 했던 그 강의는 지금 우리 같은 4,50대에도 통한다.

당신이 40대까지 너무 많은 어려움과 실패를 겪었다면 당신에게는 이제 성공할 일이 더 많이 남았다는 뜻이다. 게다가 이제 50이 넘고 나니 나는 이제 '성공'과 '실패'의 개념에 대해 다시 생각해보게 된다. 살아보니 '성공'이 꼭 '성공'이 아니고 '실패'가 실패가 아니었다.

A는 이른 나이에 성공했다고 생각했을 것이다. 하지만 그 성공은 오히려 실패를 가져왔고, 실패했다고 생각했지만 부부관계는 더 좋아지고 행복의 비결을 알았다니 그게 '성공'이 아니고 또 무엇이겠는가. 포기하지만 않는다면, 실패를 성공으로 바꿀 기회는 언제든 있는 것이다.

지금 너무 어렵고 힘들어 아무런 희망이 없어 보인다면 생각을 바꿔서, 어려움을 일찍 겪고 있으니 내 안에 잠재력을 더 일찍 알아챌 수 있다고 기뻐하면 된다. 내가 원하고 바라는 삶의 완성이 얼마 남지 않았다고 생각하자. 어려움이 생길 때마다 극복할 수 있었기에 지금의 내가 있다는 걸 잊지 말자.

하나의 어려움을 극복할 때마다 내 안의 숨은 잠재력을 발견해 가는 그 여정을 부디 즐길 수 있길. 그 길 끝, 내 삶의 사장으로 당당하게 걸어가고 있는 당신이 있을 것이다.

뒤통수 맞는 것은
남 탓이 아니라 내 탓이다

26살의 이른 나이에 결혼해서 큰아이를 출산하고 처음으로 직접 보험에 가입했다. 삼성생명에서 판매하던 '여성시대'라는 상품이었다. 그때는 보험회사들이 많지 않아 선택의 폭이 작기도 했고, 마침 회사로 찾아오는 설계사가 있어서 언니들을 따라 엉겁결에 한 결정이다. 빚도 많고 생활도 어려웠지만 보험료가 한 달에 4만 원 정도로 부담이 적다는 것이 가장 큰 이유였다. 자세한 보장 내용도 모른 채 그저 꼬박꼬박 보험료를 납부하던 어느 날이었다.

둘째가 태어나서 산후 휴가 중인데, 한 지인이 삼성생명에 입사했다며 연락을 했다. 내가 기존에 가입해 둔 보험을 체크해 보고 알려주실 게 있다고 하셨다. 내용인즉슨 '여성시대'라는 보험으로는 보장이 많이 부족하니 새로 나온 획기적인 상품으로 갈아타는 것이 좋겠다는 것이다. 당시 거의 매일 개그맨 신동엽이 TV에 나와 광고하던 종신보험이었다.

보험에 대해 아는 게 전혀 없었으니 매일 접하는 광고에 익숙해져 있었다. 또 멀리서 찾아온 그녀의 수고에 거절하기가 어려워 새로운 보험으로 업그레이드했다. 월 10만원으로 비용이 올랐지만 그 역시 '비싼 만큼 보장이 더 좋겠지'라며 막연한 기대를 했다. 나중에 알고 보니 그것이 내 생애 첫 번째 보험 뒤통수였다.

후에 내가 보험회사에 입사해서 공부를 하고 보니 '여성시대'는 무척 좋은 상품이었다. 고객에게는 이득이었지만, 반대로 회사입장에서는 손해율이 크다 보니 설계사들을 동원해서 신상품으로 갈아타기를 캠페인처럼 하던 것이었다. 그 좋은 보험을 아무것도 모르고 해지한 것이 지금도 너무 아쉬울 정도다. 설계사였던 그 지인은 2년을 못 채우고 삼성생명을 퇴사했고 지금은 연락도 되지 않는 상황이 씁쓸함을 더한다.

보험에 대한 두 번째 경험은 퇴사 후 어린이책 대여점을 운영할 때였다. 예전 회사에서 친하게 지내던 선배 언니가 외국계 보험회사에 입사했다며 찾아왔다. 마침 나도 새로운 매장을 오픈해서 저축을 하고 싶었기에 매월 50만 원씩 적금처럼 낼 수 있는 상품을 소개받았다. 이름도 내용도 이해하기 어려웠던 변액연금보험이었다. 보험에 가입하자 언니는 바로 명품 키홀더를 선물로 보내왔다. 그리고 명절 때마다 김, 미역 세트 등을 선물로 보내주며 2년 정도를 잘 납입하도록 관리를 해 주었다.

그때 나는 종종 궁금했다.

'도대체 내가 가입한 보험으로 이 언니가 받는 수수료가 얼마이기에

이렇게 매번 선물을 보내는 걸까?'

20개월 후 그 선물값의 정체를 알 수 있었다. 책 대여 매장을 정리하며 변액연금을 해약해서 예금으로 묶어 놓을 요량으로 보험사에 찾아 갔다. 그런데 내가 매월 자동이체로 냈던 50만 원의 20개월 치인 1,000만 원이 아니라 850만 원만을 받을 수 있다는 것이다!

친절하게 설명해 주기는 했지만 무슨 말인지도 모르겠고 내가 왜 내돈 150만 원을 못 돌려받아야 하는지 도저히 이해가 가질 않았다. 말도안 되는 상계 처리로 마음을 달래는 수밖에 없었다. '이 손실금이 나의 선물값이었구나!' 그래도 쓰린 속은 달래지지 않았고 억울함과 원망도 덩달아 커졌다. 그렇게 또 그녀와의 인연도 끝이 나 버리고 말았다.

두 번의 경험을 통해 설계사 언니들을 원망하고 있었지만 나중에 보험회사에 들어가서야 깨달았다. 보험으로 손해를 입은 이유는 그녀들 때문이 아니라 내가 보험에 대해 아는 게 없어서였다. 다양한 자격증 공부를 하며 보험회사의 숨기고 싶은 내부 비밀인 예정이율, 손해율, 변액보험 등을 정확히 알게 되었다. 그러자 그녀들이 내 뒤통수를 때린 것이 아니라 보험회사에서 설계사 교육을 너무도 잘 못 하고 있다는 것이 눈에 보이기 시작했다.

보험설계사는 보험회사에서 급여를 받는 직원이 아니라 한 명 한 명 모두가 사업자의 지위로 회사와 계약 관계에 있는 사장님이다. 설계사들은 자신이 사업자라는 사실도 모른 채 회사에서 원하는 대로 움직인다. 보험이란 정말 유용한 제도이며 상품임에도 이런 판매상의 문제로 인해 제대로 대접받지 못하는 금융상품이기도 하다. 재무 상담사를 하면서 만난 고객들 중 본인의 보험에 대해 보장 내용이나 지출하는 보험료 액수를 정확히 알고 있는 분들이 거의 없었다.

그럼에도 가정마다 저축은 못해도 보험료는 상당한 비율로 고정지출 항목에 들어가 있다. 막연한 불안감까지 더해져 가계 소득 대비 많은 돈을 보험료로 납부하고 있는 것이다. 보험료를 줄이고 상품 내용을 정확히 알려드리는 리모델링을 통해서 해지환급금으로 카드 및 대출금을 상환하는 상담을 많이 했다. 그럴 때마다 고객에게 꼭 알려주었다. 기존 보험을 가입하게 해주었던 설계사를 비난하거나 원망하지 마시라고. 모든 선택에 대한 책임은 가입자 본인에게 있다고. 모르면 배워서 알고 난 후에 가입했어야 한다고. 나 또한 같은 실수를 했었다고.

물론 그들은 전문가고 우리는 일반인이다. 아무래도 전문가의 말을 더 믿게 되는 것이 당연한 심리지만, 그렇다고 '나는 아예 모른다. 알아서 잘해주겠지'라고 알아볼 생각도 안 하는 것은 절대 금물이다. 그들은 우리의 돈을 책임져 주지 않는다. 물론, 보험설계사들 역시 마인드를 달리 해야 하는 것도 사실이다.

뼈아픈 경험을 겪었던 나는 보험회사에서 설계사로 지낸 몇 년간 절대 내가 모르는 상품, 내가 가입하지 않은 상품은 팔지 않겠다고 생각했다. 예전에 그 언니들처럼 보험 판매 때문에 주변 지인을 잃지 말아야겠다고 결심했다. 또 기회가 있을 때마다 보험설계사나 혹은 대리점 형태의 판매회사에서 일하는 보험 상담사분들에게는 사장의 마인드로 일하시라고 말해 드린다. 고객의 입장에서 최선의 상품을 선택해서 판매해야 한다고. 내 이윤이나 내 거래처인 보험회사의 입장에서 판매를 하면 고객은 원치 않는 손해를 보게 되고 재구매는 절대 일어나지 않는다고 말이다.

그들도 우리도 이제부터는 사장이다. 사장의 마인드는 남 탓을 하지 않는 것에서부터 시작한다는 것을 기억해야 할 것이다.

네 잘못이 아니야

　전래동화〈선녀와 나무꾼〉에서 선녀의 날개옷을 감춘 사람은 나무꾼이다. 선녀가 훨훨 날아가 버릴까 두려웠던 나무꾼은 날개옷을 감춰 선녀를 지상에 꽁꽁 묶어버린다. 우리의 날개를 묶은 사람은 누구일까? 우리 사는 세상에서 나 자신을 묶는 사람은 자기 자신인 경우가 많다. 지금은 이렇게 내 인생에 당당한 사장으로 살아가고 있는 나지만, 50이 되기 전까지는 나 역시 스스로를 사슬로 묶고 있었다.

　나를 묶고 있던 가장 단단한 사슬은 아빠다. 아빠는 하나뿐인 딸인 나를 무척 이뻐하는 딸바보였다. 머리도 빗겨서 딸기 방울로 묶어주시고 늘 번쩍 들어 올려 어깨에 올리고 다니거나 품에 안고 다니시며 어딜 가던 날 데리고 다니며 자랑했다.

철 들면서부터는 사이가 멀어진 건 나 때문이다. 술주정으로 엄마를 매일 밤 힘들게 하는 모습이 보이기 시작했고 계속되는 돈 문제, 여자 문제들로 낯선 이들이 우리 집을 시끄럽게 들락거리며 싸워대는 게 부끄러웠다. 고등학교 때부터는 눈도 마주치지 않고, 같은 공간에 있지도 않았다. 결혼식 때는 손잡고 입장하기를 거부했고, 결혼 후 아이들이 태어나 친정에 갈 때도 아빠가 있는 시간을 피했다. 없는 사람 취급하며 살았다.

그렇게 몇 년의 세월이 흐르고 많은 것이 달라졌는데도 불구하고 아빠는 여전히 돈 문제를 겪고 있었다. 매일 죽어버리겠다며, 암 치료 중이신 엄마를 괴롭히고 오빠에게 돈을 갚아 달라고 계속 전화를 했지만, 나에게는 연락하지 않으셨다. 그러기에 나 역시 모른 척했다. 그렇게 아빠는 스스로 생을 마감하셨다. 아빠가 그런 무책임한 선택을 해서 나를 창피하게 만든다고 위악을 떨었지만, 실은 그 후로 오늘까지 마음속으로 내 탓을 하며 살았다.

내가 모질게 아빠를 외면했기 때문일까. 만약 내가 아빠의 이야기를 들어드렸다면, 돈 문제를 해결해드렸다면 아빠는 홀로 외로이 떠나지 않았을까?

결혼 후 10년 동안 시부모님과 한집에서 살다가 없는 살림에 무리해서 같은 단지 아파트로 분가를 했다. 아니 분가를 시켜드렸다. 시아버님 술주정을 우리 아이들에게 더 이상 보여주고 싶지 않은 절실함 때문이었다. 같은 단지 아파트에서 두 집 살림의 비용과 대출이자를 감당하기 어려워 투잡, 쓰리잡을 뛰었다. 몸도 마음도 힘들었지만, 내가 따로 살고 싶어 했으니까 내 잘못이니까 참아야 한다고 생각했다.

두 분만 사시면서 여러 가지 돈 관련 사고를 치실 때도 따로 살자고 해서 바로바로 챙기지 못한 내 잘못인줄 알았다. 그래서 한집에 살면서도 스트레스 없이 모실 수 있는 방법으로 양평 산골에 이층집을 지어 무리하게 이사를 했다. 내가 모든 문제를 해결해야 하는 줄 알았다.

'내 잘못이야, 내 탓이야.' 어릴 때부터 뿌리박혀 있던 잘못된 생각.

엄마는 늘 오빠와 나 때문에 폭력적이고 무능력한 아빠와 참고 산다고 하셨다. 어릴 때부터 나는 그것이 내 잘못인 줄 알았다.

엄마는 내가 고3때 자궁근종을 수술해야 했는데 나의 학력고사가 걱정되셔서 수술을 몇 개월 미루셨다. 그해 대학에 낙방하고 재수하게 되었고 엄마는 근종 수술을 1년 더 미루셨다. 처음에는 주먹만 하던 혹이 1년 사이에 아기 머리만 하게 자라 있었다. 대학에 떨어진 내 잘못인 줄 알았다.

내가 결혼한 이후에는 폐암 수술을 받으셨다. 엄마의 병간호를 하며 매일 밤, 얼마나 자책하고 괴로워했는지 모른다. 엄마가 암에 걸린 것이 엄마가 반대하는 결혼을 하고 어렵게 살고 있는 내 잘못인 줄 알았다.

그런데 이젠 조용히 내 안에 나에게 말해주고 싶다.

"그 모든 건 네 탓이 아니야. 그들 또한 그들의 삶을 살았을 뿐이야. 이젠 누군가에게 미안한 마음 갖지 말고 너 자신에게 미안하지 않게 살아가렴. 5년 후, 10년 후, 그리고 눈감는 순간의 너에게 미안하지 않게 오늘 하루도 너를 위해 살아가렴"

착한 딸로 살아야 하고 순한 며느리로 살아야 하고 야무진 아내로 살아야 한다고 누가 나에게 말해주었던가? 누가 나에게 족쇄를 채웠을까? 정말 냉정하게 들여다보자. 어쩌면 양가 부모님도 아니고, 남편도 자식도 아닌, 내 스스로가 채운 족쇄일지도 모른다. 그렇게 스스로 족쇄를 채워놓고 '누군가는 알아주겠지' 하는 마음으로 최선을 다하다 보면 어느 날 갑자기 내가 몰두하고 정성을 다했던 모든 것이 허무하고 부질없어 보이는 때가 분명 온다. 그것이 아이들일 수도 있고, 남편일 수도 있고, 부모님 부양이나, 살림일 수도 있다.

그 시기는 각각 다를 수 있겠지만 늘 깨어 있으면서 그날이 왔음을 빨리 알아채야 한다. 문득 나를 돌아보게 되고 지금의 나와 미래에 나에 대해 변화와 도전이 필요하다고 느끼게 되는 날, 내 스스로 채워놓은 내 발의 족쇄를 내가 풀어야 한다.

영화 [굿 윌 헌팅]에서는 어린 시절 가정폭력을 당했던 윌(맷 데이먼)에게 숀 교수(로빈 윌리엄스)가 '네 잘못이 아니야'라고 말하는 장면이 나온다. 천재적인 두뇌를 가진 윌이 그걸 왜 모를까. 윌은 숀 교수의 말에 어깨를 으쓱하며 '알아요'라고 말한다. 머리로는 당연히 알지만, 마음으로 받아들이지 못했다는 뜻이리라. 숀 교수는 눈을 피하지 않고, 몇 번이나 말한다.

"네 잘못이 아니야. 네 잘못이 아니야"

그때야 윌은 반항기와 허세를 버리고, 어린아이처럼 흐느껴 운다.

우리에게 숀 교수처럼 진심을 담아 말해줄 사람이 없다면 내 스스로 하자. 이제까지 '내 잘못, 내 탓'이라고 생각했던 일이 있다면 이제는 놓아버리길 바란다. 어쩔 수 없었다는 이유로 자기를 안쓰러워하는 건 이제 그만하자. 이제 50즈음이 된 우리에게는 인생을 스스로 뒤집을 마지막 한판이 남아있다.

이젠 누구도 돌보지 않아도 된다. 나 스스로를 키우고 길러서 멋진 사장의 삶을 살아보자. 무엇을 선택하든 내가 책임지고 나만의 길을 가는 사장이 되어보자. 지금까지의 후회되는 삶은 이젠 잊고 오늘부터 사장으로 다시 태어나자. 지난 일들은 어떤 것도 당신 탓이 아니다. 이제 스스로 채운 족쇄를 풀어버리고 훨훨 사장으로 비상할 당신을 응원한다.

여성은 무한한 가능성을 지니고 있으며,
세상을 변화시킬 힘을 소유하고 있습니다.
-마야 안젤루

Part 3

답은 언제나
내 안에 있다

사장으로 살아갈
환경 세팅하기

다시 한번 스스로에게 물어보길 권한다.

"우리는 왜 사장으로 살아야 하는가?

나는 사장으로 살고 싶은가?

지금 이대로가 좋은데 꼭 사장이 되어야 하는 건가?"

답을 먼저 찾고 나서 다음 단계로 넘어가야 한다. 물론 사장으로 살고 싶기에 이 책을 선택해서 읽고 있다는 건 알고 있다. 그런데 지금까지 읽으면서 당신의 마음속에는 의심과 불신, 또 고민이 자라고 있을지도 모른다. 게다가 나 스스로가 확실하지 않다면 순간순간 고비가 찾아올 것이다.

내가 무언가를 시작하려고 결심할 때 가장 힘들게 극복해야 하는 게 무엇일까? 바로 가장 가까이에서 나 보다 나를 더 잘 안다고 생각하고 참견하는 사람들이다. 부모가 될 수도 있고 배우자나 혹은 성인 자녀 아니면 친한 친구들이 그들이다. 나의 선택이나 결정에 있어서 누구에게 가장 먼저 물어보게 되는가? "내가 할 수 있을까? 이런 방법이 괜찮은 걸까? 잘못되면 어쩌지?" 등등을 자주 묻게 되는 상대가 분명히 있으리라.

이번만은 타인이 아닌 나에게 물어보자. '현자는 자신에게 묻고 바보는 타인에게 묻는다'(헨리 아널드)는 말이 있다. 지금이야말로, 나에게 물어봐야 할 때이다. 게다가 이젠 내 나이 50이라면 그건 내가 나 스스로에게 답해줄 수 있어야 한다. 내가 사장이 되고 싶은지, 그에 따른 두려움은 어떤 것들이 있는지, 사장이 되는 과정에 찾아오는 어려움을 극복할 수 있는지, 타인이 아닌 자신에게 물어보자.

사장이 되기로 확고한 결심을 했다면 가장 먼저 사장을 키우는 환경을 만들어야 한다. 개개인의 상황이 모두 다르겠으나 가장 큰 장애물이 가까운 사람들인 것은 50즈음에 있는 우리나라 여자들의 공통사항일 것이다. 현재 2, 30대인 8, 90년대생들은 배우자의 지지를 받으며 능력을 더 펼칠 수 있는 경우들을 자주 보게 된다. 그런데 50대가 된 70년대생들에게서는 찾아보기 힘든 경우이다. 아마도 우리가 어린 시절 받아온 교육의 영향 때문이리라.

내 경우에도 마찬가지였다. 내 삶에 사장이 되기 위해서 과감한 선택을 해야 했다. 환경을 세팅하기 위해 두 분의 엄마와 남편을 버린 것이다. 그렇다고 이혼을 했거나 부모님과 인연을 끊은 건 아니다.

가진 것 없는 집 장남과 결혼해서 26년간 시부모님과 동거를 했다. 시아버님은 요양원에 잠깐 모셨다가 몇 년 전에 돌아가셨고 시어머님은 계속 함께 모시고 살았었다. 고부간의 갈등이 있었던 것도 아니고 어머님이 나에게 시집살이를 심하게 시키시거나 했던 건 아니지만 내가 모셔야 할 어른과의 동거를 그만하고 싶었다. 무엇보다 나의 시간을 더 확보하고 싶다는 절실함이 컸다. 그래서 이젠 큰며느리 역할은 그만하겠다 선언하고 작은 아들인 시동생네 가까이 거처를 옮겨드렸다. 가족들도 그간의 세월을 지켜봤기에 큰 반대 없이 수월하게 진행되었다.

친정엄마와는 너무도 가까운 사이인지라 오히려 역할 정리가 쉽지 않았다. 암 환자인 엄마의 병원 진료 동행 일정과 식재료, 생필품 쇼핑 등을 모두 신경 쓰며 적잖은 시간을 할애하고 있었다. 그런데 50대가 된 이후 굳은 결심을 하고 엄마 집 가까이 살고 있는 오빠와 성인이 된 손자·손녀들이 역할을 나눠서 하기로 했다.

남편에게는 딸들의 아빠와 내 남자친구의 역할을 해 달라고 부탁했다. 나의 남편으로 살기보다는 시어머님의 아들 역할을 하면서 내가 결혼생활 26년간 미루던 나만의 일들을 시작할 수 있게 해 달라고 진지하게 얘기한 것이다. 처음에는 서운해하던 남편도 이제는 꽤 남자친구의 자리를 즐기고 있는 것 같다.

나의 부재로 인해 가족들이 불편한 상황도 있을 테고 부담이 나누어져서 전보다 힘들어지는 사람도 분명 있으리라. 하지만 세상일이라는 게 원하는 모든 것을 완벽하게 가질 수 없다는 것을 나는 50이 되면서 인정하기로 했다. 50 이후에도 나를 위해서가 아니라 주변의 필요에 부응하기위해 나의 소중한 시간과 돈을 쓰면서 'Say No'를 못한다면 60 대의 나에게, 70대의 나에게 혹은 눈을 감는 그때의 나에게 너무 미안할 것 같았다.

50대 이전에는 환경적으로 아이들도 어리고, 한창 직장에서 경력을 쌓아가는 남편을 뒷바라지 하는 데 집중하는 것이 대부분의 40대 여자들 모습이다. 그래서 나는 50을 기점으로 환경을 바꾸었다. 사장으로 살아갈 환경 만들기가 결코 쉽지 않은 과정이었지만 내가 먼저 해 보고 같은 고민을 하고 있는 40대 그녀들에게 보여주고 싶었다.

무언가 하기로 결심했다면 사전 준비작업은 반드시 필요하다. 내가 마음을 먹고 결심하는 것이 첫 번째 스텝이라면 그다음에 꼭 필요한 건 주변 정리를 잘해두는 것이다. 내가 없어도 잘 돌아가는 상태를 세팅해 놓아야 편한 마음으로 내 일과 내 삶에 한 번쯤은 몰입할 수 있다고 생각한다.

물론 각자의 상황이 다르므로 50이 되는 순간 갑자기 가족들을 등한시하라는 뜻이 아니다. 나의 역할에 충실한 시간을 보내고 나면, 환경 세팅은 생각보다 수월할 것이다. 환경을 만들지 않았다가는 아주 작은 돌부리에도 쉽게 좌절하게 된다. '엄마가 바깥으로 도니까 아이들이 티가 난다'라는 주변의 말에, '이 나이에 사업은 무슨, 아이들이나 잘 챙겨야지'라고 쉽게 꿈을 포기한다. 그러니 지금 당장 사장으로 첫발을 내딛지 못하고 가정에 얽매여 있다고 해도 이 모든 순간이 '환경 세팅'의 시간이라고 생각하면서 그 시간을 충실히, 즐겁게 보내는 것도 한 방법이다.

우리에게 때는 반드시 온다.

우리는 역행자처럼 살 수 없다는 사실을 명심하라!

이 책을 쓰기 위해 글로공명과 4박 5일을 함께 보낸 적이 있다. 캐리어 하나 달랑 끌고 글로공명이 사는 아파트 게스트룸에 머물렀는데 그런 나를 그녀가 어찌나 부러워하는지 미안한 마음마저 들 정도였다. 같이 시간을 보내면서도 글로공명은 핸드폰 알람이 울리면 아이를 데리러 가고, 다시 함께 글을 쓰다가도 저녁 시간이 되면 아이들 밥을 챙기러 집으로 가야 했다. 내가 원하는 시간에 일어나서 책을 쓰고, 가벼운 아침을 먹고, 낮잠을 자기도 하는 동안 글로공명은 내내 종종거렸다. 미안한 마음에 할 수 있는 말이라곤 이것밖에 없었다.

"부럽지? 조금만 참아. 50되면 언니처럼 된다? 얼마 안 남았어."

은유 작가는 《올드걸의 시집》이라는 책에서 어디 한 군데 훌쩍 떠나지도 못하는 자신의 삶을 가리켜 '밥에 매인 삶'이라고 표현한 적 있다. 가정을 꾸리고 사는 여자들의 삶 대부분이 비슷할 것이다. 오죽하면 해리 포터를 쓴 조앤 K. 롤링 역시 가장 큰 소원이 하루 종일 아무것에도 방해받지 않고 글을 쓰는 일이라고 했을까. 남녀 차별을 조장하는 것은 아니지만, 확실히 여자들이 불리한 부분은 분명히 있다.

최근 유행하는 자기계발서를 보면서 마음이 불편한 것도 아마 그래서였을 것이다. 베스트셀러 중에 《역행자》라는 책과 《일생에 단 한 번은 독기를 품어라》라는 책이 있다. 둘 다 어느 정도의 시간을 한 가지에 몰입하고 실패를 경험 삼아 성공을 이루어 내야 한다고 말하고 있다. 물론 맞는 이야기이고 공감하는 사람들이 많기에 베스트셀러가 되고 저자는 또 더 큰 부를 이루어 가고 있다. 그러나 무작정 적용해서는 안 된다. 나이 마흔이 넘어 가정을 이루고 사는 전업맘이나 워킹맘은 그들을 따라 할 수도 없거니와 같은 방법으로 해서도 안 된다.

그 젊은이들은 아침에 일어나 부엌으로 가서 가족의 식사를 준비하지도 않아도 된다. 그것도 모자라 매일 '오늘 저녁은 뭐에요?'라고 묻는 아이들의 질문에 시달리지도 않을 것이다. '돌밥(돌아서면 밥)'이며 '애데렐라(아이 등·하원 시키는 엄마들)'라는 유행어에 담긴 서글픔도 그들은 이해하지 못 하리라. 아이들 학원과 학교 일정을 일일이 체크할 일도 없다. 아이 준비물을 미처 확인하지 못해서 늦은 밤, 문구점이 문을 닫지 않았길 바라며 뛰어가지 않는다. 계절별로 옷장을 정리하지 않아도 되고 아이가 아플 때마다 모든 걸 내려놓고 병원을 동행하지 않아도 된다. 그렇게 숨 가쁜 하루를 보내고도 잠자리에 들 때면 '또 뭘 놓친 게 없을까?' 머릿속으로 투두리스트를 체크하는 일도 없을 것이다.

우린 아니다. 내가 몰입하고 싶다고 나 혼자만의 시간을 낼 수도 없고 매일 해야 하는 집안일의 루틴을 깨는 것도 할 수 없다. 잠깐 미뤄놓은 일들은 다시 나에게 차곡차곡 쌓여 해결을 기다리고 있다. 엄마이고 주부인 우리들은, 나만의 우선순위를 정하고 행동하는 것이 현실적으로 너무 어렵다.

그럼 우린 어떻게 내 인생의 사장으로 살 수 있을까? 사장으로 살라고 해놓고, 상황이 이러니 포기하라는 것은 당연히 아니다. 그럼에도 불구하고 내 속도대로 꼭 이루어 내면 된다.

나는 결혼과 동시에 임신을 하고 큰 아이가 겨우 기저귀를 뗄 무렵 둘째를 출산했다. 당연히 계속 직장도 다녔다. 게다가 집에는 술주정이 심한 시아버지와 돈에 대한 개념이 좀 부족한 시어머니 그리고 생활비에는 보탬이 되지 않던 시동생까지 함께 살았다. 어린 딸들을 포함한 우리 네 식구까지 총 일곱 식구가, 그것도 26평식 복도식 아파트에서 복닥대며 살고 있었다.

퇴근을 하고 그 집에 들어가는 것이 죽을 만큼 싫었다. 저기 멀리 마을버스가 오는 게 보이면 저 버스가 마치 나를 감옥으로 데려가는 것 같은 느낌마저 들었다. 그때 나를 살린 것은 석계역 앞에서 팔던 '잔술'이다. 집으로 가는 시간을 단 10분이라도 늦추고 싶어 잔술을 마셨다. 종이컵 가득 따른 소주를 한 모금 삼키고 꼬치 어묵 한 입으로 소주의 쓴맛을 지우다보면 마음이 가라앉았다. 며느리로 엄마로, 아내로 스위치를 바꾸는 10분의 시간이 지나고 나면 그나마 웃으며 집에 들어설 수 있었다.

"어머니, 아버지! 저 다녀왔어요!" 하면서,

그저 내게 주어진 역할을 해내는 것만으로도 벅차던 그 시절, 내가 '역행자'를 흉내 낼 수 있는 유일한 방법은 책이었다. 물론 흔히 말하는 '몰입'의 시간 따위는 나에겐 사치였다. 그저 출퇴근 길 지하철이나, 사무실에서 잠깐 짬이 날 때, 점심시간 같은 틈새를 활용했다. 몸이 힘들고 마음이 절망스러울 때도, 시도 때도 없이 눈물이 나와서 글씨를 읽기힘들 때도 틈이 나면 그저 읽었다. 내 삶을 원망하거나 핑계 대고 싶지 않았기에 내가 할 수 있는 방식으로 최선을 다했다. 무엇보다 내 인생이 너무 소중했기 때문이고 딸들을 같은 환경에 살게 하고 싶지 않았다는 절실함이 있었기 때문이다.

만약 그때 '하루에 2시간씩 책을 읽어라!' 이런 내용이 담긴 책을 읽었다면 나는 어땠을까? 오히려 책과 멀어졌을 지도 모른다. '팔자 좋은 소리 하고 앉았네' 하면서 반항심이 들었거나, '난 하루에 한 시간도 채 읽지 못하니 이미 글렀어'라면서 포기했을 수도 있다. 나는 책을 사랑하고, 나의 많은 부분이 책으로 만들어졌지만, 책에 있는 말을 절대적으로 믿어선 안 된다고 이야기한다.

어디 책뿐일까. 세상 누구에게나 완벽하게 적용되는 성공의 법칙은 없다. 베스트셀러라고 해도, 이미 성공한 유명한 사업가, 제아무리 뛰어난 전문가라고 해도 나의 상황을 100% 알지는 못한다. 오직 나만이 나에게 맞는 법칙을 찾아낼 수 있다. 그러니 책대로 못한다고 절망하지도 말고 지레 포기하지도 말고, 내 나이, 지금 내 상황에 맞는 나만의 방법을 찾아 그것을 꾸준히 하면 된다.

　이제까지 조금 불리하고 어려운 점만 나열했지만, 혼자가 아니어서 좋은 점도 있다. 나 자신에게 몰입할 수 없던 대신 나에게는 아이들이 있었고, 그 아이들을 위하는 절실한 마음이 있어 모든 어려움을 무릅쓰고 사장으로 살 수 있었다. 꼭 기억하길 바란다. 역행자보다 더 강한 사람은, 절실함을 품은 엄마다.

배울만한 어른이 아무도 없어서
책에서 배우기로 했다

어린 시절 부모님은 자주 싸웠다. 아! 싸웠다기보다는 아버지가 엄마에게 행패를 부렸다는 표현이 더 정확하겠다. 대부분은 아주 작은 일이 빌미가 되곤 했는데 늦은 밤, 아버지가 술에 취해 돌아올 때, 엄마가 문을 늦게 열었다는 이유로 아버지는 불같이 화를 내곤 했다.

중학생이었던 나는 어떻게든 아버지의 심기를 건드리는 일을 최대한 줄이고 싶었다. 그 방편으로 아버지가 돌아오는 시간까지 깨어있으면 되겠다는 생각이 들었다. 그때 떠오른 수단이 책이다. 피곤함에 지쳐 잠든 엄마를 깨우지 않기 위해 책상 아래에 숨어 책을 읽었다. 고요한 밤, 골목길에서 술취한 아버지의 걸음 소리가 들리면 튕기듯 일어나 조용히 문을 열었다.

어린 내가 부모님의 싸움을 말리기 위해 할 수 있었던 유일한 방법이었지만, 그렇게 해서 부모님의 싸움이 얼마나 줄었는지는 모르겠다. 그래도 한 가지 확실한 건, 그 덕분에 나는 책을 읽는 사람으로 자랐다는 사실이다. 책 속에는 내가 현실에서 만날 수 없는 긍정적인 어른이 있었다.

어린 시절, 내 주위의 그 누구도 인생을 어떻게 살아야 하는지, 어떻게 살아야 행복한 인생인지 가르쳐주지 않았다. 생계를 위해 일하느라 집을 자주 비우고, 집에 있는 날은 무섭게 부부싸움을 하던 부모님. 식당이나 술집을 하면서 늘 본인들 신세 한탄과 상스러운 욕설을 내뱉던 친인척들. 그들도 당신의 삶에 최선을 다했을지도 모르지만, 어린 내가 배우고 따라갈 만한 어른은 아니라는 결론을 내렸다. 그래서 책에서 어른을 찾고, 책에서 배움을 얻었다.

책을 펼치면 언제나 그곳에 긍정적이고 훌륭한 어른들이 나를 기다리고 있었고, 또래 친구들과 나눌 수 없는 깊이 있는 생각을 함께하는 친구들도 만날 수 있었다. 고등학교 때는 잠깐 만화와 로맨스 소설에 심취했던 적도 있지만 대학 이후부터는 늘 베스트셀러와 고전문학 작품 그리고 30대 때부터는 돈 버는 자기 계발서를 주로 읽었다. 부자로 잘 살고 싶다면 이미 이룬 사람들의 책을 보고 배워서 실천해 보고 그들의 이야기를 듣는 것이 도움이 된다. 주변에 그런 어른이 없다면 책을 통해서라도 찾아 나서야 한다.

주위에 따라 하고 싶거나 무언가를 물을 만한 어른이 없어 시작한 독서가 지금은 나의 삶에 큰 영역으로 자리 잡고 있다. 나는 지금도 책 읽는 시간이 가장 행복하다. 조용한 카페 구석 자리에 앉아 책을 읽으면 하루 종일도 있을 수 있다. 외출할 때는 가방에 꼭 읽을거리를 챙겨서 나간다. 깜빡 잊고 그냥 나간 날은 불안증에 걸린 사람처럼 안절부절못하고 빈 시간을 어찌 보내야 할지 고민에 빠지다 결국은 뭐라도 읽을거리를 사게 된다.

언제부터인가 주위에 후배들이나 재무 상담을 받으러 오는 고객들에게 각자의 고민과 상황에 맞는 책들을 권해주는 일이 나의 기쁨이 되었다. 나의 조언이나 지식이 부족하다고 여길 때면 내가 읽었던 책의 저자들의 지혜로운 한마디를 알려주곤 했다. 지금도 온라인 세상에서 열심히 책을 읽는 40대 후배들의 모습을 보면 참 잘하고 있다는 생각에 기특한 마음이 든다.

다만 노파심에 한마디 하자면 '독서를 위한 독서'가 되고 있지는 않은지 스스로 점검해 보길 바란다. 새벽에 일찍 일어나 책 읽는 모습을 타임스탬프로 인증하고 필사 챌린지를 하고 블로그에 열심히 서평도 쓰는 것, 물론 좋다. 하지만 단순히 읽는 데서만 그치지 말고, 반드시 단 하나라도 구체적인 실천을 해야 한다.

독서 모임 또한 마찬가지다. 다양한 멤버들이 함께 책의 내용을 분석하고 각자의 생각을 공유하다 보면 책에서 놓친 문장을 다시 볼 수 있고, 다른 관점 덕분에 생각이 더 트이는 효과도 있다. 하지만 혹시 100권, 300권 등 독서량으로만 만족하거나 유행하는 베스트셀러만 읽고 있다면 한 번쯤은 다시 생각해 볼 필요가 있다.

책을 제대로 읽으면 반드시 변화하게 되어 있다. 그런데 책을 많이 읽으면서도 자신의 삶과 사업에 적용하고 실천해 눈에 띄는 변화와 성장을 이루어 나가는 경우는 자주 못 본 것 같다. 그 이유는 현재 본인의 상황에 맞는 꼭 필요한 독서를 하기보다는 모임에서 선정해 주는 책을 비판 없이 받아들이기 때문이 아닐까 싶다. 재독, 삼독해야 이해할 만한 책들도 숙제를 해내듯 한번 읽고는 다시 꺼내지 않는 사람들도 꽤 많다. 몇 달씩 몇 년씩 누군가에게 비용만 지불하며 유행하는 책들로 독서 습관만 만들고 구체적인 실천이 없다면 언제 돈을 벌고 언제 부자가 되겠다는 말인가?

법륜 스님은 즉문즉설 때 자주 말씀하시곤 한다. 언제까지 매번 수행하고 깨닫기만 할 거냐고. 한 번 깨닫고 그 깨달음으로 평생 행복해야 한다고. 나는 자기 계발도 마찬가지라고 생각한다. 언제까지 습관 장착에만 매달려 있을 것인가. 습관 장착을 효율적으로 빨리 끝내고 사장으로 살아가는 날을 하루라도 일찍 시작했으면 한다. 그러기 위해서는 독서도 사장의 마인드로 주체적으로 선택하는 것이 맞다.

내 책장에는 30여권 정도의 책만 꽂혀 있다. 자기 계발에 관한 책을 읽을 때는 몇몇 저자를 정해두고 그 저자의 책을 출간 시기 순서로 읽는다. 예를 들어 브라이언 트레이시나 캔 블랜차드, 로버트 기요사키, 팀 페리슨, 조던 피터슨 그리고 우리나라 작가로는 박웅현, 구본형 님의 책들이다. 내가 조언을 듣고 싶은 어른들의 책이기에 생각이 정리되지 않거나 막막한 일이 생길 때마다 다시 펼쳐보면서 그분들에게 질문을 하곤 한다. 물론 그분들이 신간을 낸다면 무조건 구매해서 한층 더 깊어진 지혜를 배울 것이다.

내가 읽는 방식이 모두에게 맞는 건 아니겠으나 각자에게 맞는 효율적인 독서가 꼭 필요하다는 생각을 자주 하게 되는 요즘이다. 너무 많은 정보가 있고, 다 자기 방식이 옳다고 주장하는 세상이니 오히려 소신을 지키기 쉽지 않다. 독서만큼은 부디 유행 따라 흔들리지 말고 나만의 효율적인 방식, 나에게 가장 잘 맞는 방식을 찾아내길 바란다.

책은 옳다. 그렇다고 책 속의 모든 내용이 옳은 것은 아니다. 이 책도 물론 마찬가지다. 전부가 다 옳은 것도 아니고, 모두에게 맞는 내용이 아닐 수도 있다. 다만, 자신의 상황에 잘 맞고 실천할 수 있는 단 하나만 제대로 실행해도 분명 소득이 있을 것이다.

책을 통해 성장하기로 한 것은 분명 잘한 일이다. 단순히 읽는 데 그칠 것이 아니라 깨닫고 배운 것이 있다면 반드시 실천하는 것이 사장의 독서법이라는 걸 조용히 그러나 단호하게 알려주고 싶다.

모르면 뒤통수 맞는 세상에서
살아남는 법

온라인에서 활동하는 내 이름은 '소크라택스언니'다. '너 자신을 알라'
고 말했던 철학자 소크라테스처럼 '너 자신의 세금을 알라'라는 뜻에서
'소크라택스(tax)'라고 이름 지었고, 어렵기만 한 세금을 조금 더 쉽게
알려주는 '동네 언니' 같은 느낌을 심어주고 싶어서 지은 이름이다. 덕분
에 온라인에서는 '세금 쉽게 알려주는 소크라택스언니'로 통하지만, 나
역시 처음부터 세금에 대해 잘 알았던 것은 당연히 아니다.

2010년부터 유료 재무 상담을 시작했다. 2년 정도 짧은 보험설계사
경험을 해 보니 상품 판매에만 매달리다 보면 아무래도 내 욕심에 무리
한 영업을 할 수밖에 없다는 걸 알게 되었다. 상품권유를 하지 않고 객
관적으로 재무 상담을 하기 위해서 '유료'라는 방법을 선택한 것이다.

상품판매를 거의 하지 않고 상담료로 받는 수입이 전부이다 보니 몇 년 간은 소득이 높지 않아 세금을 낼 일이 없었다. 그런데 부동산 공부를 통해 관련 지식이 생기면서 부동산관련 상담과 소개 수수료가 들어오기 시작했다. 수수료의 액수가 커지면서 종합소득세를 신고해야 하는 행복한 상황이 생겼다.

한 번도 종합소득세를 내 본 적이 없기에 갑자기 국세청에서 날아온 300만 원이 넘는 세금 고지에 깜짝 놀랐다. 도대체 얼마를 벌었다고 이리 많은 세금을 내라는 말인지, 황당하기 그지없었다. 게다가 월수입은 늘었지만 고등학생, 대학생 자녀 교육비와 대출 이자 등으로 지출처 또한 늘다 보니 세금을 따로 준비해 두어야 한다는 생각은 하지도 못했었다.

급하게 알고 지내던 세무사 후배에게 문의했다. 그런데 도대체 어느 나라 말을 하는 건지 하나도 알아듣지 못할 용어들이 나를 더 혼란스럽게 했다. 뭘 모르면 억울하고 원망하기 마련인 것 같다. 괜한 수수료를 지급해 준 부동산 업체 탓을 했다가 세무사 후배에게 서운했다. 그러다가는 또 세금 낼 돈이 없는 내 상황도 비참했다. 우여곡절 끝에 세금을 무사히 납부하고 또 결심했다. 세금 공부를 해야겠다고. 세금을 낼 때 내더라도 얼마를 언제 내야 하는지 예상을 해서 준비라도 해 두어야겠다고. 그렇게 세금 공부가 시작되었다.

여러 강의를 전전하던 끝에, 세무사는 아니지만 그래서인지 세금을 더, 아주 쉽게 가르쳐 주시는 강사님을 알게 되었다. 매주 1회 있는 강사님의 수업을 거의 한 번도 빠지지 않고 들었었다. 처음에는 강의를 이해하기는커녕, 단어조차 알아들을 수 없었다. 완전히 내 것으로 만들겠다는 각오로 무려 6년간 반복해서 듣다 보니 차츰 세금을 이해한 것은 물론이고, 알면 알수록 더 많은 것들이 보이기 시작하면서 웬걸, 세금에 재미까지 느끼게 되었다.

그러면서 또 다짐했다. 저 강사님과 똑같이 누군가에게 설명해 줄 수 있을 때까지 공부하고 수강하리라고. 그로부터 5년째 되는 날 나는 드디어 세금 강의를 시작했다. 2년간 대구지역 보험대리점에서 재무상담사들에게 강의를 했고 지금은 내가 꿈꾸었던 모습을 담아 '소크라택스 언니'라는 닉네임으로 온라인에서도 줌 강의를 하고 있는 중이다. 내가 스스로 궁금하거나 이해가 안 되는 일이 있고 게다가 내가 그 일로 손해를 입었다면 바로 그 분야를 공부했기에 가능했던 일이다.

재무 상담사 시절에 여러 사례를 상담하며 알았다. 대부분의 내담자가 말하길, 재테크 관련해서 전문가의 영역이라고 생각하거나, 쉽게 기초부터 알려주는 강좌 또한 없기에 제대로 배울 생각을 하지 않았단다. 그러니 억울하고 비용이 많이 들더라도 전문가를 찾아가서 해결하게 된다는 것이다. 그런데 우리가 절대 간과해서는 안 될 사실이 있다. 전문가라며 상담하고 해결책을 주는 그들 역시 어딘가에 소속되어 월급을 받으면서 회사를 위해 일하는 직원이거나 본인의 노하우를 다 알려주기를 꺼리는 브로커들이라는 사실이다.

그러니 보험을 물어보려고 보험전문가를 찾아갔다가 새로운 보험에 더 가입하게 되고, 부동산 전문가라고 해서 공인중개사를 찾아가면 본인 중개사무실에서 확보하고 있는 물건만을 권하면서 소위 양타 수수료를 노리는 사람을 만나게 된다. 또 절세를 위해 세무사를 찾아가면 세무사와는 미팅 한 번으로 끝난 채, 가장 중요한 실무는 기계적으로 서류 요청만 하는 직원들과 해결해야 하는 게 현실이다.

지난 50여 년간 누군가 알려주는 대로만 살면서 뒤통수를 맞았다고 생각했다면 거기에는 자신의 책임도 일정 부분 있다는 사실을 인정해야 한다. 뼈아프지만 그 진실을 받아들이고 다시는 같은 실수를 하지 않기 위해 공부가 필요함을 깨닫는 다면 보다 절실한 마음으로 공부할 수 있을 것이다.

나도 그렇게 공부를 시작했다. 30대 초반에는 경매 과정을, 중반에는 코칭 과정을 배웠고 스피치 자격증, 각종 보험 관련 자격증, 투자 관련 자격증, 재무 상담사 자격증, 금융부동산대학원 석사학위, 공인중개사 자격증을 취득했다. 재정적으로 넉넉하거나 시간이 많아서 했던 공부들이 아니다. 돈이 쪼들릴수록 시간이 없어서 잠이 부족할수록 시간과 돈을 나에게 투자했다. 나에게 투자한 공부와 경험은 아무도 뺏어갈 수 없다는 사실을 절감했기 때문이다.

큰돈이나 많은 시간이 아니어도 한 달에 한 가지라도 나를 위한 배움을 놓지 않았으면 좋겠다. 아이들 학원비로는 2, 30만 원 내는 것을 아까워하지 않지만 엄마의 학원비로는 5만 원도 쓰지 않게 된다. 아이를 키우듯이 나 자신도 키워 놓아야 계속 성장하고 효율적인 삶을 선택해서 살며 내가 원할 때 자유로워질 수 있는 것이다.

강의할 만큼 전문가가 되어야 한다는 뜻이 아니다. 내가 잘 모르는 분야는 직접 알아보고 적용해서 실천해 보아야 전문가도 제대로 활용할 수 있는 법이다. 사장으로 살아가는 삶은 주머니에 손 찔러 넣고 어슬렁거리는 것이 아니라 그 모든 것에 적극적으로 개입하고 하나라도 배우고 공부하는 자세가 반드시 필요하다는 사실을 기억해야 한다.

대박 아이템을 찾아
불나방처럼 뛰어드는 당신에게

오래전에 들은 우스갯소리가 있다. 한 사람이 복권에 당첨되길 간절히 바랐다. 신에게 기도했다. 부디! 꼭! 반드시! 복권에 당첨되게 해달라고. 하지만 그의 간절한 기도는 끝끝내 이뤄지지 않았고, 결국 그는 신을 욕하고 원망하기에 이른다.

신도 욕 들어 먹는 건 싫었던 걸까. 모습을 드러내고 말한다.

"이 인간아! 복권을 사야 당첨되게 하지!"

여러 형태로 변형되는 비슷비슷한 이 이야기는 '도둑놈 심보'를 꼬집는다. 원하고 바라는 것이 있다면 최소한의 노력이라도 해야 한다. 자고로 문도 '두드려야' 열린다고 하지 않았던가.

투자나 재테크를 공부하면서도 이런 '도둑놈 심보'를 가진 사람들이 있다. 그들은 누군가가, 이왕이면 신과 같은 능력을 가진 고수가 소위 대박 날 종목을 콕콕 집어주길 바란다. 주식이고 부동산이고 기본이나 이론을 공부하기보다는 '이거 사! 이거면 대박 나!'하고 찍어줬으면 좋겠다. 그래서 감나무 밑에서 감이 떨어지길 바라는 사람처럼 콩고물이 떨어지길 기다리고 있다.

자기만의 사업을 하라고 내가 목 놓아 말하고 다닐 때도 마찬가지다. "그럼 어떤 사업을 하면 좋을까요?"라고 내 입에서 뭔가 획기적인 아이템이 나오길 기대하는 눈빛으로 묻는다. 그래서 수많은 치킨집이, 수많은 카스텔라 가게가, 수많은 대만식 샌드위치 가게가 우후죽순처럼 생겨났다 사라졌다.

마흔다섯이 되었을 때 숭실대학교 경영대학원 MBA 과정을 3년 동안 다녔다. 원래는 4학기 만에 수료하는 과정이지만 여러 개인 사정으로 1년 휴학 후 졸업을 하게 되었다. 덕분에 남들보다 조금 오래 MBA 과정 내에 머물면서 중소기업 사장님들을 가까이에서 관찰할 좋은 기회가 있었다.

대부분 대표님들이 50대 중반에서 60대 초반이었는데 40대부터 사업을 시작하셔서 최소 10년 이상 길게는 30년 동안 사업체를 경영해 온 분들이었다. 거의 법인사업체를 경영하는 대표님들이었는데 이해 할 수 없는 부분이 좀 있었다. A 대표님은 알루미늄 건설자재를 취급하다가 샴푸를 만들어 판매했다. B 대표님은 내수시장을 대상으로 기계 부품을 제조해서 판매하는 분이었는데 갑자기 공장 한쪽을 개조해서 캠핑카를 만들어 수출하셨다.

그분들은 원래 취급하던 품목이 아닌 전혀 다른 분야의 사업을 추가로 계속 연구하고 시작했다. 본 업종과 비슷한 업종을 추가하더라도 사업자를 하나 더 만드는 복잡한 과정을 마다하지 않으셨다. 그때는 막연히 어려워 보이기만 했던 그분들의 행보가 이제는 조금 이해가 간다.

아직 사장의 마인드를 장착하지 못했던 나는 '원래 사업이란 내가 잘할 수 있는 아이템 하나를 파고들어야 하는 거 아닌가?'라고 생각하고 있었다. 즉, 사업을 할 때 어떤 아이템과 어떤 서비스를 제공하느냐가 가장 중요하다고 당연하게 여겼던 것이다. 그런데 MBA에서 만난 대표님들은 달랐다. 하던 분야가 아니어도 겁내거나 머뭇거리시지 않고 일단 법인 안에서 새롭게 시도하시는 모습을 보면서 '경영'이 무엇인지 알게 되었고, 아이템보다 중요한 것은 '누가 어떻게 경영하느냐'라는 사실임을 깨닫게 되었다.

내가 잘 알고 익숙한 한 가지 아이템으로 개인사업자를 내고 돈을 버는 것을 사업의 운영이라고 한다면, 어떤 분야의 일이 주어지든지 어떤 아이템을 판매하든지 사장님의 사업 마인드와 확고한 철학이 있다면 이때는 운영이 아니라 경영이라고 해야 한다. 그리고 우리가 앞으로 해나갈 사업 역시, 규모의 크고 작음을 떠나 경영을 해야 한다. 내가 가진 나의 잠재력으로 미래와 나눔을 생각하며 사업하는 것이 경영이다.

우아한 사업은 없다. 가끔 '커피숍 하나 차려놓고 좋아하는 음악 틀어놓고 커피 마시면서 돈 벌면 좋겠다'고 생각하는 사람이 있는데, 이제 그만 그런 공상에서 빠져나오길 바란다. 어떤 종류가 되었든 책상 앞에서 하는 일이든 아니든 사업은 그렇게 쉽게 할 수 있는 것이 아니다. 그러니 '어떤 사업을 할 것인가'를 고민하면서부터 누가 밥숟가락 들고 떠 먹여주길 바라지 않았으면 좋겠다.

내가 좋아하고 잘하는 일에서부터 시작하는 것이 좋다. 어떤 사업을 할 것이냐에 앞서 '나는 어떤 사람인가'를 먼저 깊게 바라볼 필요도 있다. 그렇게 아이템을 찾아내고 사업을 시작했는데, 이익도 많이 내고 오랫동안 지속할 수도 있다면 정말 좋은 성공 케이스겠지만 그런 경우는 극히 드물다는 것도 기억하자.

세상은 계속 빠르게 변화하고 우리가 참여하는 시장과 경쟁업체들도 늘 같은 곳에 있지는 않다. 앞으로 사라질 직업군이 많은 것처럼 사업도 마찬가지이다. 이럴 때 어떤 사업이 될지 안 될지, 지속 가능할지 아닐지 장담하는 것은 오히려 어리석은 일이다. '무조건 된다!'라고 말하는 사람들이야말로 사기꾼일지도 모른다.

어떤 사업이 성공할지는 모르지만 그래도 분명한 사실은 있다. 사업을 함에 있어서 개인사업자나 법인사업자를 구분하여 등록하는 것이 중요한 것도 아니고 유행하거나 수익률이 높은 아이템을 잘 고르는 것이 성패를 좌우하는 것도 아니다. 결론은 지속 가능한 사업 아이템이란 특정한 상품이나 서비스가 아니고 바로 나 자신의 경영 마인드라는 사실이다. 무엇을 팔더라도 나만의 진정성 있는 마인드와 철학으로 경영한다면 그것이 바로 성공하는 사업 아이템이다.

부디 어딘가에 있는 꼼수를 노리지 말고, 남들이 하는 말에 쉽게 팔랑거리지 말고, 어떤 사업을 하든 성공하는 경영자의 마인드를 먼저 갖길 바란다. 40대를 거쳐 온 우리에게는 이미 자신이 갖고 있는 삶의 철학이 있다. 지금까지 나의 삶을 잘 경영했듯, 나의 사업도 경영해 나간다면 조금 늦더라도, 몇 번은 실패할지라도 끝내 나만의 성공 아이템을 찾아 낼 수 있을 것이다.

내가 불편을 느꼈던 것을
팔아보자

    나를 30대에 인생의 첫 사장님으로 만들어 준 사업은 '아동 전집 대여 책방'이다. 회사를 그만두고 일산에 살 때였는데 신도시인 일산에는 그때만 해도 도서관이 부족했다. 모든 엄마들이 첫아이는 천재라고 생각하고 키운다더니 나도 내 큰딸이 독서 천재라고 생각했다. 한질에 30만 원 이상 하는 전집을 계속 사주었고 배달로 3권씩 갖다 주는 아이북랜드도 신청했지만 아이의 책 읽는 속도를 따라가지 못했다. 그때 마침 큰길가 상가에 전집을 빌려 볼 수 있는 책방이 생겼다. 너무 기쁘고 또 유용하다 생각해서 하루에도 몇 번씩 오가며 책을 나르다가 그 책방을 통째로 인수해 버린 거다.

    여윳돈이 있어서 멋지게 시작한 건 아니기에 여러 가지 비용을 제하고 나면 월 200만 원 정도의 순수익이 생겼다. 퇴직 이후 적지만 돈을 다시 벌게 되는 것도 좋았고 큰아이가 원 없이 책 읽을 수 있는 환경을 만들어줬다는 것이 무엇보다 행복했다. 책방을 운영하던 2년 동안 나는 사장이 되었고 큰아이는 8,000권 정도의 다독을 할 수 있었다.

게다가 전혀 생각도 못 한 또 다른 즐거움도 생겼다. 나랑 같은 불편과 필요를 느끼던 많은 '일산아지매'들에게 주엽동 키다리 북은 성지가 된 것이다. 많은 엄마와 아이들이 찾아와 책 이야기를 나누던 그때의 추억을 떠올리면 지금도 뿌듯하다. 나의 불편을 해소하고 니즈를 충족하기 위한 일이, 다른 사람에게도 의미 있는 일이 될 수 있음을 깨달았다.

지금 '소크라택스언니'라는 닉네임으로 세금 강의를 하게 된 계기도 비슷하다. 세금에 관해 너무 궁금하고 알아보고 싶은데 어려운 용어나 숫자들에 질려서 아예 공부해 볼 시도조차 못 하고 있던 터였다. 내가 이렇다면 다른 사람들도 비슷하지 않을까? 나의 불편을 해소하면서 꼭 쉽게 세금 강의를 해보리라고 마음먹었다. 그렇게 꾸역꾸역 5년 동안 똑같은 강의를 반복해서 들으며 터득한 지식으로 세금에 관한 나의 불편을 해소한 것은 물론, 세금 강의를 할 수 있게 되었다. 덕분에 코로나로 힘든 시기임에도 세금 강의를 온라인과 오프라인에서 시작하면서 세금 공부를 나의 사업으로 완성한 것이다.

사업을 한다는 것은 무언가를 팔아서 수익을 남겨야 한다는 의미이다. 우린 어떤 것을 파는 사람이어야 할까? 내가 팔고 싶은 것은 무엇일까? 내가 팔 수 있는 것은 무엇일까? 누가 내 고객이 될 것인가? 이런 고민에 앞서 내가 사고 싶었던 것이 무엇인지를 먼저 생각해 보는 데서 출발하는 것도 좋다. 내가 갖고 싶고 사고 싶었던 것이 있다면 혹은 불편을 느꼈던 부분이 있다면 그것을 상품화해서 제공하는 일을 하는 것이다. 내가 그랬다면 같은 불편과 수요를 느끼는 사람은 분명히 있다.

최근에 내가 준비하는 사업은 4050 여성들의 자립과 사업을 위한 교육기관을 만드는 일이다. 나는 늘 뭔가를 새롭게 배우기를 원했고 미래에 변화될 세상을 대비하며 살고 싶어 했다. 20대 때는 아르바이트를 해서 번 돈으로 영어와 일본어 그리고 선물거래 자격증 등을 공부하고 30대에는 경매와 스피치과정수업을 들어보았고 40대에는 코칭 과정과 경영대학원 과정을 수료했다. 적지 않은 돈을 수업료로 냈고 각 과정 중에 배우고 알게 된 것도 분명 있다. 하지만 모든 배움이 다 만족스럽지는 않았다. 강사의 역량이나 커리큘럼 등에서 아쉬운 부분도 있던 게 사실이다. 좀 더 알차게 시간을 절약하면서도 나의 미래를 계획할 수 있도록 앞서나가는 내용들로 채워졌으면 어땠을까.

어디에서 누구와 어떤 것을 공부하며 경험해 보아야 할지를 찾고 결정하는 것이 쉽지 않기 때문에 벌어진 일들이다. 교육기관이나 단체 혹은 강사들을 어렵게 찾아 비용을 지불하고 참여를 하고 나서 찾아오는 왠지 모를 아쉬움. 그 불편을 이전에도 그랬듯 내가 해결해 보고 싶다는 생각이 들었다. 그래서 차곡차곡 준비를 통해 내가 원했던 교육 커리큘럼을 내가 직접 만들어 보려고 한다.

사회적 은퇴 시기가 다가오고 있고 제2의 삶을 위한 교육이 절실하게 필요한 소비자가 많다. 기업이나 국가에서 은퇴 전 교육이나 전직교육 등에 많은 예산을 쓰고 있는 부분은 인정한다. 그러나 그 교육 커리큘

럼이 시대의 흐름을 따라잡지 못하고 있다. 우리 전 세대인 베이비부머를 대상으로 했던 귀농, 귀촌이나 해외 은퇴, 이민 혹은 창업 교육 같은 것을 강의 커리큘럼에 여전히 쓰고 있는 실정이다.

시대가 달라졌다. 코로나 이후 온라인 사업이나 비대면 무인 사업 등에 대한 수요가 많아졌음에도 관련 교육을 하고 있는 기관은 많지 않다. 게다가 이러한 교육도 직장생활을 지속했던 남성들을 위한 혜택인 경우가 많다. 인생 2막에서도 집안의 가장이 꼭 남편일 필요는 없다. 50대부터는 역할을 바꿔 자녀교육과 배우자 서포트로 똑똑해진 4050 엄마들이 일선에 나와 자기만의 사업으로 사장님이 되었으면 한다. 그녀들이 원하는 교육을 위해 내 사업을 세팅해 보려한다.

나는 1971년생, 52세로 현재의 인구 구조상 가장 많은 인구수를 차지하고 있는 연령대에 속한다. 또래가 많다는 건 다시 말해 같은 경험을 공유하는 고객이 많다는 이야기가 된다. 70년대 이후 출생인 우리 또래는 비교적 남녀가 평등한 교육을 받았고 직장생활을 해본 경험이 많다. 개인 사정상 육아와 살림을 위해 원치 않는 경력 단절을 겪어야 했던 똑똑하고 현명한 그녀들을 위해 내가 우아하게 배우며 함께 돈 버는 아카데미를 만들고 있다.

나는 내가 가장 불편하고 원했던 부분을 사업 아이템으로 결정했다. 나의 경험을 바탕으로 내 또래가 원하는 것을 팔아보려 한다. 각자 잘할 수 있고 하고 싶었던 아이템으로 사장님이 되어도 좋겠지만 고객과 내가 불편을 느꼈던 부분을 해소시켜 줄 수 있는 것을 팔아 보라고 권하고 싶다. 그것이 꼭 상품일 수도 있고 서비스일 수도 있지만 나의 진

심과 경험으로 정성껏 준비한다면 반드시 고객을 만족시킬 수 있다고
생각한다.

"사장님 뭘 팔아보시겠어요?"

사장이 되려는 자,
온라인 세상을 알아야 한다

지금 동시대에 존재한다고, 모두가 정말 '같은' 시대를 누리며 살고 있다고 말할 수 있을까? 누구에게나 시간이 똑같이 흐르는 것이 아님을, 글로공명은 말 그대로 피부로 깨달은 적이 있다고 했다. 2, 3년 전, 예전 [러브하우스]처럼 열악한 주거 환경에 살면서 건강과 안전에 위협받는 어르신들의 집을 고쳐드리는 다큐 프로그램을 만들 때의 일이다.

프로그램 막판, 생각도 못 한 난관에 부딪혔다. 주인공으로 나온 한 어르신의 인터뷰를 자막으로 뽑아야 하는데 연세 때문에 발음이 어눌하고 정확하지 않았다. 무슨 말씀을 하시는지 도저히 알아들을 수 없어서 무척이나 고생했다고 한다. 몇 번이고 영상을 돌려보면서 간신히 말자막을 작성하고 원고를 썼다. 더빙은 [톰과 제리]로 유명한 송도순 성우가 담당했다.

그렇게 방송은 잘 끝났는데 나중에 송도순 성우의 출연료를 정산하기 위해서 개인정보를 확인하다가 글로공명은 소스라치게 놀랐다. 송도순 성우가 출연자보다 겨우 두 살이 적었기 때문이다. 같은 70대였지만 한 사람은 도저히 알아들을 수 없는 발음으로 말을 했고, 다른 한 사람은 직접 운전을 하고 스튜디오에 와서 정확한 발음이 생명인 원고 더빙 작업을 하고 돈을 벌었다.

송도순 성우는 글로공명이 원고에 적은 대로 출연자를 '000 어르신'이라고 지칭했다. 그런데 알고 보면 어르신이라고 부르는 사람이 사실은 겨우 두 살 차이의 동년배라는 기막힌 상황. 완전히 대비되는 그 두 사람의 이야기를 들으면서 '어떻게 나이 들어야 하나' 생각하게 되었다.

돈이 있으면 조금 더 젊게 살 수 있는 시대가 있었다. 하지만 그것도 옛말이다. 이제 답은 온라인이다. 온라인 세상을 얼마나 잘 활용하고 누리느냐에 따라 서로 다른 세상을 사는 시대다. 특히 과도기에 있는 우리 같은 4, 50대는 그 차이가 벌어지기가 더욱 쉽다. '문명의 이기'는 누구에게나 주어지는 것이 아니다.

사장으로 살겠다고 마음먹은 당신이라면 이제 어쩔 수 없이 온라인 세상에 익숙해져야 한다. 아니, 반드시 이 온라인 세상을 당신의 무대로 만들어야 한다. 사장 되기를 두려워하는 이유 중에는 초기 자본이 많이 필요할 거라는 부담감 때문인 경우가 많다. 사업장을 구해야 하고 재고나 시설비 등의 투자도 만만치 않다. 만약에 사업이 잘되지 않을 경우 그 초기비용을 다 날려버릴 수도 있다는 우려 때문에 더욱 시작을 망설이게 된다.

온라인 시장이 좋은 이유는 초기비용이 거의 없이 사업을 시작할 수 있기 때문이다. 최근 소액 투자로 무인점포들에 관심을 가지는 분들도 많다. 아무리 소액이어도 사업 시작에 드는 비용이 아주 없는 것은 아닌 반면 온라인에서는 무자본으로도 사업을 시작하는 게 가능하다. 자본이 전혀 들지 않는다는 것은 망해도 손해날 것이 없다는 이야기이다. 물론 나의 시간과 노동력 그리고 기회비용이 들어가지만 돈 들이지 않고 하는 실패는 값진 경험이 된다.

게다가 온라인에서 팔 수 있는 것은 그 한계가 없다. 특히 요즘은 경험이나 지식, 콘텐츠와 같은 나의 능력을 판매하는 경우가 많다. 공간에 제약도 없다. 온라인에서 처음 줌 강의를 할 때 내가 믿고 따르는 '꿈꾸는 서여사'님은 강의료로 5천 원을 받으라고 하셨다. 온라인 세상에 처음 입문했던 터라, 나의 전문적인 경력과 능력을 겨우 5천 원으로 후려(?)치는 것이 불쾌했다. 나중에 100명 정도가 강의에 들어오는 걸 보면서 온라인의 파급력에 대해서 알게 되었다.

물론 온라인 세상을 내 것으로 만들기 위해서는 온라인에서 통용되는 무기를 알아야 한다. 컴퓨터를 익숙하게 다뤄야 하는 것은 물론이고, 이왕이면 한글 입력 속도가 빨라야 조금 더 시간도 아끼고 몸 고생도 덜 한다. 블로그나 미리캔버스, 줌과 같은 다양한 프로그램도 이용할 줄 알아야 온라인 세계를 장악할 수 있다. 처음에는 어렵게 느껴지지만 사실 요즘은 많은 프로그램이 전문가가 아닌, '누구나 쉽게' 이용할 수 있도록 만들었기 때문에 우리가 예전에 활용하던 프로그램보다 훨씬 쉬워졌다. 그러니 지레 겁먹지 말고 온라인 세상 속 도구를 익히는 시도를 해보길 바란다.

처음엔 어려울지 몰라도 배워가는 재미도 있고, 또 그 분야에서 전혀 생각지 못한 재능을 발견할 수도 있다. 실제로 60대에 처음으로 블로그를 배우면서 블로그에 재미와 재능을 느껴서 아예 시니어를 대상으로 블로그를 가르치는 강사도 많이 있다. 그러니 '이 나이에 무슨'이라는 핑계를 무기 삼지 않았으면 좋겠다. 똑같은 나이의 누군가는 카톡으로 손자에게 선물을 보내고, 스마트폰으로 블로그를 작성하는데 나는 스마트폰을 들고도 그저 전화나 문자만 주고받고 유튜브 보는 TV로만 사용하기엔 너무 아깝지 않은가?

사람은 원래 변화를 싫어한다. 나이 들수록 그런 경향은 더욱 강해진다. 나는 이사를 많이 다녔다. 회사도 여러 번 옮겨 보았다. 그래서 낯선 환경이나 변화에 거부감이 없다. 그런데 주위에서 보면 태어난 동네에 계속 살면서 결혼을 해서도 아이를 키우면서도 자기가 익숙한 공간 안에서만 생활하는 사람들이 많다. 그러면 만나는 사람들에도 큰 변화를 주기가 어렵다.

온라인은 다르다. 친구나 고객을 찾아 신발을 신고 나갈 필요가 없다. 장소에도 시간에도 제약이 없다. 마음만 먹으면 내 사업을 글로벌로 확장할 수도 있다. 그렇게 무한히 열린 온라인 세상을 어떻게 활용하느냐에 따라서 당신은 똑같은 시간을 다르게 살게 될 것이다. 혹시 오프라인으로 사업을 한다고 해도, 온라인 세상을 모르면 크게 성공하기는 쉽지 않다. 오프라인 사업 역시 온라인 마케팅에 따라 성공 여부가 크게 갈리기 때문이다.

우리는 앞으로 사장으로 살아갈 사람들. 우리에게 온라인은 강력한 무기이자 꿈을 펼칠 무대가 될 것이다. 그러니 부디 온라인이라는 새로운 세상에 나의 새로운 집과 새로운 직업, 새로운 친구를 만들기를 바란다. 온라인에서 내가 팔 수 있는 것이 무엇일지 고민함과 동시에 온라인을 잘 활용할 수 있는 도구를 익혀가면서, 사장으로 살아갈 미래를 준비하자.

달을 항해 쏴라,
빗나가도 별이 될 테니
-레스 브라운

Part 4

사모님 말고 사장님이
갖추어야 할 무기

사장이 되는 첫 번째 허들, 사업자등록증을 만들자!

사업자등록증부터 만들어야 하는 이유

사장이 되길 꿈꾸거나 다른 파이프라인을 찾는 후배들에게 우선 사업자등록증부터 만들라고 이야기를 많이 해준다. 지금 온라인을 통해서 소소한 수입을 버는 사람들의 경우에는 더욱 그렇다. 그러면 대부분 '아직 준비가 덜 됐다', '어떤 사업을 할지 정하지 못했다'라고 말하는 경우가 많다. 난 그럼에도 '우선 내라!'라고 이야기 한다. 사업자등록이라는, 사실은 별거 아닌 두려움을 극복하는 첫 단계가 필요하기 때문이다.

사업자등록증은 개인이 몇 개든 가질 수 있다. 그러니 아직 정말 원하는 사업이 뭔지 모르겠고, 준비가 미흡한 것 같아도 관심 분야가 있거나 계속 생각해 온 것이 있다면 우선적으로 사업자등록을 해도 된다. 이후에 변경, 수정하는 것이 얼마든지 가능하기 때문이다. 한번 허들을 넘고 나면 자신감이 생겨 다른 사업자등록을 내기 수월해진다.

무엇보다 사업자등록을 하고 나면 사업을 대하는 마인드가 달라진다. 사장으로서의 책임감이 생기고, 더 많은 아이디어를 구상하고 실행할 수 있는 힘이 생기기 쉽다. 또한 수입이 조금이라도 생겼을 경우에는 사업자로서 실적이 누적되어 국가지원사업자금이나 은행 대출에 유리하다. 사업을 확장, 발전시키는 기회가 생기는 것이다. 언제까지나 소소하게 진행할 게 아니라면 하루라도 빨리 사업자등록증을 만들어 보자.

사업자등록을 하기 전 준비사항

사업자등록신청서에 적어야 할 가장 대표적인 사항은 상호, 대표자, 사업장 소재지, 업종이다.

●상호

내가 하는 일을 잘 표현해 줄 수 있는 이름으로 회사명을 하는 것이 좋다. 내가 다루는 상품이나 서비스의 메인 테마에 맞는 회사 이름을 지어보자. 나의 사업자 상호는 오래도록 나의 얼굴처럼 나를 대변해 주어야 하므로 신중하게 생각해서 만들어 보자. 예쁘고 모양새 나는 이름보다는 내 사업의 종류를 직관적으로 알 수 있는 이름이 좋다.

개인사업자의 경우는 이름이 중복되어도 사업자 등록을 할 수는 있지만 만약 내가 처음부터 법인사업자로 시작한다면 기존에 같은 상호를 쓰는 사업자가 있는지 확인해 보아야 한다. 내가 만들려는 회사 이름과 같은 법인회사가 이미 존재 한다면 사업자 등록이 안 된다. 전국기준은 아니고 법인을 등록하는 주소지 관할구역 내의 중복 상호가 안 되는 것이니 관할 등기소에 접속해서 법인 상호 검색 메뉴를 이용하여 미리 검색해 본 후에 상호를 정해야 한다.

●법인상호 검색해 보기

●대표자

내 이름으로 사업자를 내는 것이 대부분이지만 피치 못할 사정으로 타인의 이름으로 사업자를 내는 경우도 종종 있다. 내가 운영하고 싶은 사업일지라도 현재 겸업 금지 업종에서 직원으로 일하는 중이라면 내 이름으로 사업자를 내지 않는 것이 좋다.

타인의 이름으로 사업자등록을 했어도 언제든지 내 이름으로 할 수 있을 때 폐업하고 다시 시작할 수 있도록 관계 정리를 처음부터 잘해 두어야 한다. 아무리 가까운 사이여도 어설픈 동업을 형태로 사업을 시작해서 돈도 잃고 사람도 잃는 경우가 대부분이다.

●사업장 소재지

법인사업자를 내는 게 아니라면 개인사업자는 내가 거주하는 집 주소로 해도 된다. 요즘은 공유 오피스나 우편물만 수령해 주는 주소 서비스도 있으므로 거주지와 분리해서 사업장 주소를 내더라도 큰 비용이 들지 않는다. 만약 집 주소로 사업장소재지를 했어도 홈택스에서 간단하게 사업자주소 변경이 가능하니 걱정하지 말고 일단은 사업자등록증을 만드는 절차를 진행해 보도록 하자.

> ※ 언제를 개업일로 정할지도 미리 생각해 두어야 한다. 사업자 등록증이 있으면 사업 준비 과정에서 구매한 물품이나 인테리어 비용에 대해 세금계산서를 받아서 나중에 부가가치세금을 환급받을 수 있다. 정식으로 매출이 발생하기 전에 개업일을 정하고 사업자등록을 미리 만들어도 된다.

업태와 종목 정하기

사업자등록을 하면서 내가 어떤 분야에서 돈을 벌 것이고 어떤 물건이나 서비스를 취급할 것인지를 결정한다. 그것을 업태와 종목이라고 하는데 업종에 따라 벌어들인 돈 대비 적정한 비용이 어느 정도 인지를 국가에서 미리 구분해 놓았다. 이것을 업종별 경비율이라고 한다. 내가 원하는 사업의 업태와 종목을 결정할 때는 홈택스에서 업종별 경비율을 확인해 보는 것이 선행되어야 한다. 비슷한 업종이어도 기준경비율과 단순경비율을 적용해서 계산하는 방법이 다르기 때문에 처음부터 업종선택에 신중해야 한다. 이왕이면 적용해 주는 경비율이 높은 업종을 선택해서 사업자등록증에 넣는 것이 좋다.

●업종코드 및 경비율 조회해 보기

업종코드목록조회 ✕

※ 업종코드 전부 또는 일부를 입력하거나 업종의 주요 키워드를 입력하시고 조회를 클릭하세요.

| * 귀속연도 | 2022 | 업종코드 | 940909 | 업종 | |

조회하기

• **업종코드목록** (해당 업종을 더블 클릭하여 선택하세요)　　　　　　조회건수 10 건 ⌄ **확인**

귀속연도	업종코드	업태명	세분류명	세세분류명	적용범위 및 기준	선택
2022	9409…	협회 및 단체, …	기타자영업	기타자영업	○컴퓨터 프로그래머(소프트웨어프…	선택

1　　　총1건(1/1)

📋 업종코드-표준산업분류 연계표

• 업종코드 또는 업종명의 주요 키워드를 입력하여 조회할 수 있습니다.
* 업종코드는 숫자 한자리 이상 입력하여 조회
• 2023년 귀속 기준·단순 경비율은 2024년 4월 이후 조회 가능합니다.
　- 해당 과세연도에 대한 경비율이 고시되어 있지 않은 경우 직전 과세연도의 경비율 적용

| * 귀속연도 | 2022 | * 업종코드 | 940909 | 검색 | 업종 | 협회 및 단체, 수리 및 | 검색 |

조회하기

귀속연도	2022
기준경비율코드	940909
중분류명	인적용역
세분류명	기타자영업
세세분류명	기타자영업
업태명	협회 및 단체, 수리 및 기타 개인서비스업
기준경비율(자가율적용여부)	N
기준경비율(일반율)	17.0000
기준경비율(자가율)	17.0000
단순경비율(자가율적용여부)	N
단순경비율(일반율)	64.1000
단순경비율(자가율)	49.7000
적용범위 및 기준	○컴퓨터 프로그래머(소프트웨어프리랜서 제외(~940926), 초음사, 전기·가스검침원 등 달리 분류되지 않은 기타 자영업으로서 독립된 자격으로, 고정보수를 받지 아니하고 그 실적에 따라 수수료를 지급받는 경우 포함 *어로장 <제외> ·1인미디어콘텐츠 창작자(940306) ·소프트웨어프리랜서(940926) ·관광통역안내사(940927) ·어린이통학버스기사(940928)

이때 자가율은 본인 소유 사업장에서 사업을 하는 경우이고 일반율은 임차를 해서 사용하는 사업장에서 사업할 때의 경비율을 말한다.

> ※ 종종 사업자등록증을 내면 세금을 내야 하는 게 아닌가 우려하는 분들이 있다. 우선 우리가 알고 있는 단어들 중 수입과 소득은 다른 개념이라는 걸 알아야 한다. 벌어들인 매출액 (수입)에서 여러 가지 원가비용 (재료비, 경비) 등을 뺀 돈이 소득이다. 즉 소득이 나의 순 수입이라고 봐야한다.

※ 세금은 수입에 대해 내는 것이 아니라 소득에 대해 내는 것이다. 그러니 아무리 사업으로 수입이 많아도 경비처리 가능한 비용을 많이 챙겨 놓으면 세금은 아주 적게 내거나 도리어 돌려받을 수도 있다. 그러니 세금 내는 것을 겁내고 사업자등록을 안하고 사업을 한다면 나중에 더 큰 낭패를 보는 경우가 생긴다. 처음부터 제대로 정리하고 관리하는 것이 좋다.

사업자 등록증 만들기

상호, 대표자, 개업일, 사업장 주소, 업태, 종목을 결정했다면 어디서든 홈택스나 손택스에서 5분 만에 사업자 등록증을 신청할 수 있다. 신청뿐 아니라 정정이나 폐업도 가능하고 사업장 주소지 이전 신고나 업종 수정도 할 수 있어서 예전처럼 처리할 일이 있을 때마다 세무서를 방문해야 하는 수고가 줄었다. 모든 사업이 개업 첫해에는 과거 수입 자료가 없으므로 몇몇 전문직 업종을 빼고는 가장 유리한 세금 부과 방법인 단순경비율을 적용받을 수 있다. 단순경비율에 의해 소득세가 부과될 경우 혼자서도 이러한 모든 과정과 종합소득세 신고가 가능하지만 2년 차부터는 나의 사업규모나 업종에 따라 세무사를 통한 기장이라는 서비스를 받는 것이 더 편하고 유리하다. 전문가를 잘 활용하는 것도 사장의 능력이다. 사업을 잘 키우고 소득을 늘리고 그사이 실력 있고 믿을만한 세무사를 소개받아 절세하며 사업하는 사장님이 되길 바란다.

●홈택스에서 사업자등록증 신청하기

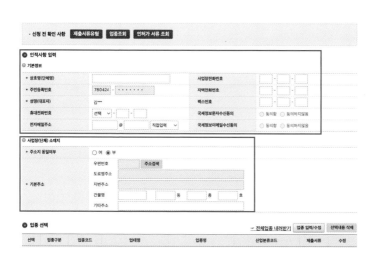

업종 선택   ✕

* (업종입력방법) ① <업종코드>의 「검색」 클릭 후 업종 조회 및 선택 → ② 「등록하기」 클릭 → ③ 목록 확인 후 「업종 등록」을 클릭

업종구분	● 주업종 ○ 부업종	업종코드	[ ] 검색
업태명	[ ]	종목명	[ ]
산업분류코드	[ ]	산업분류명	[ ]

초기화   등록하기

선택내용 삭제

선택	구분	업종코드	업태명	업종명	산업분류코드	수정

● 사업장 정보입력

○ 기본정보

* 개업일자	[ ] 📅	종업원수	[ ] 명
자기자금	[ ] 원	타인자금	[ ] 원

○ 임대차내역 입력
     ※ 타인소유 외 본인소유분도 있는 경우, 임대차내역 입력 후 자가면적에 추가 기재하시기 바랍니다.

사업장구분	● 본인소유 ○ 타인소유(법인포함)
자가면적	[ ] ㎡ ─ [ ] 평 ※ ㎡은 자동으로 평으로 변환됨
타가면적	[0] ㎡ 0 평 ※ ㎡은 자동으로 평으로 변환됨

● 공동사업자 정보입력

○ 기본정보

공동사업자선정	○ 있음 ● 없음
출자금	[ ] 원	성립일자	[ ] 📅

● 사업자 유형 선택

* 사업자 유형	○ 일반 ○ 간이 ○ 면세 ○ 법인아닌 종교단체 ○ 종교단체이외의 비사업자

홈택스 회원가입 후 –> 준비서류 (임대차계약서, 필요시 영업 신고증, 사장님 신분증) –> 신청/제출 –> 사업자등록 신청(개인) 클릭 –> 인적사항 입력 –> 업태종목, 사업장 정보, 사업자 유형 선택 후 신청 –> 서류 제출

사업자 유형 선택 기준은 무엇일까?

사업자는 크게 사업형태에 따라 개인 사업자와 법인 사업자로 나뉘고, 개인 사업자는 다시 과세 사업자와 면세 사업자로 나뉜다. 과세 사업자는 연간매출액에 따라 간이 과세자와 일반 과세자로 나뉜다. 각 기준에 따라 나의 사업이 어디에 해당하는지 확인하면 된다.

사업 형태	부가가치세 과세 여부	연간 매출액
개인 사업자	과세 사업자	일반 과세자
	면세 사업자	간이 과세자
법인 사업자	과세 사업자	
	면세 사업자	

●면세 사업자 vs 과세 사업자 (나의 업종에 따라)

면세 사업자는 법으로 이미 지정되어 있다. 따라서 지정된 업종 이외에는 모두 부가가치세 과세 사업자로 등록한다. 이때 세금을 면제해 주는 면세 사업자란 부가가치세만을 면제해 주는 것이고 종합소득세나 법인세 등을 면제해 준다는 뜻이 아님을 꼭 기억해야 한다.

●면세사업자가 될 수 있는 업종

① 기초생활 필수 재화나 용역

－곡물, 과일, 채 소등 미가공 식료품, 수돗물, 연탄, 여성생리용품

② 국민 후생 관련 재화나 용역

－ 병원, 의원, 치과, 한의원 등 의료보건 용역, 여객 운송용역 (고속버스, 항공기, 고속전철 제외), 장의업

③ 교육, 문화 관련 재화 용역

－학원, 강습소, 훈련소, 교습소, 신문, 잡지, 도서, 방송, 예술창작품, 문화행사, 예술행사, 도서관, 박물관, 동물원, 식물원

④ 부가가치 생산요소에 따른 재화나 용역

－ 토지공급, 인적용역, 금융 및 보험영역

⑤ 주택과 그 부속 토지 임대

⑥ 국가 등이 공급하는 재화나 용역

⑦ 국민주택과 국민 주택건설용역

⑧ 기타 목적의 공급

－우표, 복권, 증지, 인지, 공중전화, 종교나 자선 등의 공익단체 공급

●간이과세 사업자 vs 일반과세 사업자 (나의 매출액 기준에 따라)

매출액이 적은 경우 간이과세 사업자로 시작하는 것이 부가세 신고도 간편하고 유리한 경우가 많지만 항상 유리한 것은 아니므로 나의 업종과 상황을 고려해 신중히 선택해야 한다.

구분	간이 과세자	일반 과세자
기준	- 연매출 8,000만원 이하 - 간이사업자 적용 대상 업종	- 연매출 8,000만원 이상 - 간이사업자 적용 배제 업종
부가가치 세율	업종별 1.5~4%	10%
부가세 신고	연 1회	연 2회
부가세 환급	환급 불가	매입 세액이 큰 경우
세금 계산서 발급	연매출 4,800만원이면 세금 계산서 불가	세금 계산서 의무 발급

● 개인 사업자 vs 법인 사업자

개인 사업자와 법인 사업자의 선택은 단순히 세금 절세나 매출액 기준만으로 판단하면 안 된다. 거래처의 요청이나 취급상품 및 서비스의 특성상 처음부터 법인사업자로 시작해야 하는 경우도 있고 향후 법인으로 전환이 필요한 순간이 오기도 한다. 기초적인 개념부터 잘 알아두고 필요에 따라 선택해야 한다.

●개인 사업자와 법인 사업자의 비교

구분	개인 사업자	법인 사업자
창업 절차	관할 관청에 인·허가(인·허가가 필요한 경우)를 신청	법원에 설립 등기 신청 세무서에 사업자 등록 신청
자금 조달	사업주 1인의 자본과 노동력	주주를 통한 자금 조달
사업 책임	사업에 발생하는 모든 문제를 사업주가 책임	법인의 주주는 출자한 지분 한도 내에서만 책임
해당 과세	사업주 : 종합소득세 과세	법인 : 법인세 대표자 : 근로소득세
장점	·창업 비용과 창업 자금이 적게 소요되어 소자본을 가진 창업도 가능 ·기업활동이 자유롭고, 신속한 계획수립 및 변경이 가능	·대외 공신력과 신용도가 높기 때문에 영업 수행과 관공서, 금융기관 등과의 거래에 있어서도 유리 ·일정 규모 이상으로 성장 가능한 유망 사업에 적합
단점	대표자는 채무에 대한 책임을 짐	설립절차가 복잡하고 일정한 규모의 자본금이 필요

소택언니의 조언

나는 이 책을 통해 계속 "사장으로 살아라"라고 말했다. 사장으로 살려면 우선 사장이 되어야 한다. 많은 사람들이 사장이 되고 싶은데 어디서부터 무엇부터 해야 할지 모르겠다는 말을 많이 한다. 그럴 때면 나는 우선 결심을 먼저 하라고 말해준다. 머릿속으로, 마음속으로 생각에만 머물러 있던 것을 실행하기 위해 결심이라는 첫 번째 허들을 넘어야 한다. 이것은 걷는 행위에서 처음으로 점프하는 액션이 필요하다는 의미이다.

내가 왜 사장으로 살아야 하는지 명확한 이유와 목표가 필요하다. 그리고 더 늦기 전에 시작해야겠다는 필요를 알아채야 한다. 더 이상 미루지 말고 결심을 해야 한다. 결심을 하고 나면 주변에 사장님으로 살아가는 분들의 삶을 조사해 볼 필요가 있다. 시간적 자유를 누리는 사장님들이 있는 반면 본인이 관여하지 않으면 업체가 돌아가지 않는 사장님들도 있다. 늘 비상 대기조처럼 손에서 핸드폰을 놓지 못하는 분들이 보인다. 그리고 한 가지 아이템을 가지고 성공했음에도 대를 이어 같은 일만을 반복하시는 분들도 있다. 세상이 변하고 고객의 니즈가 바뀌었음을 느껴야 한다.

또 한 가지는 내가 지금 시작하려는 일을 내 자녀에게 물려줄 수 있도록 제대로 세팅하겠다는 마음을 먹고 시작하는 것이 필요하다. 내가 직접 할 수 있는 사업만을 한다면 그것은 사업장의 운영일 뿐 경영은 아니다. 내가 한 가지 사업을 통해 배운 교훈과 마인드로 어떤 분야의 사업을 새로 시작하더라도 성공시킬 수 있겠다는 경지까지 이르러야 그것이 경영이고 그때 진정한 사장으로 살 수 있는 것이다.

하나의 사업장과 내가 잘 아는 아이템만을 가지고 일을 잘 해내는 것은 운영을 잘한다고 표현한다. 그러나 경영을 잘 한다는 것은 변화하는 세상에서 어떤 아이템으로 어느 곳에서 사업을 하더라도 성공할 수 있는 사장의 마인드가 필요한 것이다. 사장님이란 확고한 자신만의 가치관을 가져야 하고 세상 변화에 직관적인 대처를 할 수 있는 창의적이고도 깊은 사고를 할 수 있어야 한다.

진정한 사장은 어떤 사업을 하느냐 보다 어떤 마인드로 경영을 하느냐가 성패를 좌우한다. '어떤 사업을 할까'보다는 '어떤 사장이 될까'를 먼저 고민하고 결정해야 한다. 내적인 준비로 '결심'이 첫 번째 허들이라면 외적인 준비로는 사업자등록증을 만들어 보는 것이 첫 번째 허들이다. 물론 큰 꿈을 꾸고 장기계획을 세우는 것도 중요하지만 일단 결심이 섰다면 사업자 등록증을 만들어서 두 번째 허들을 넘는 것도 꼭 필요한 절차이다.

내 손에 사업자 등록증이 쥐어졌을 때는 사업자 등록증을 신청해 보지 않은 상태에서는 느낄 수 없는 진중한 마음가짐이 당장 생겨난다. 멀리서 바라보기만 했을 때는 과정과 절차가 어려워 보이지만 막상 해보면 정말 간단하다. 문서상에 내 이름이 사장님으로 찍히고 나면 그것이 1인 사장이던 가족 회사이던 뭔지 모를 벅참이 있다. '한번 사는 인생

나도 사장님 되어보는구나!' 하는 알 수 없는 성취감이 있다.

그리고 나의 태도와 행동이 조심스러워진다. '나는 나 혼자가 아니라 어딘가를 대표하는 사람이다'라는 마음이 생긴다. 모든 분들이 나의 잠재 고객이고 언제 어떤 인연으로 나의 사업 파트너가 될지 모른다는 마음으로 사람을 대하는 태도가 달라진다. 일단 사장의 마인드를 갖게 되는 것이다.

내 사업의 규모가 어떻게 성장할지는 아무도 예상할 수 없지만 나의 마인드는 이미 일반인이나 직원일 때와 달라지게 된다. 말이나 행동에서도 책임감 있고 정돈된 삶을 살아가는 자세가 생기게 된다.

믿어지지 않는다면 오늘 당장 사업자 등록증을 만들어 보라. 결심하기와 사업자 등록증이라는 낮은 허들은 얼른 넘어 버리고 이젠 본격적으로 사장으로 살아보자.

사장이란 무릇 세금을 먼저 알고
돈을 벌어야 한다

세금에 대한 잘못된 선입견을 버려야 한다

세금 강의를 할 때 강의 첫머리에 수강생들에게 물어본다.

"세금 내고 싶어요, 안 내고 싶어요?"

"세금 많이 내고 싶어요? 적게 내고 싶어요?"

다들 입을 모아서 말한다. 세금을 안 내고 싶고, 이왕이면 적게 내고 싶다고. 그런데 세금을 안 낸다는 것은 내가 현재 누군가의 수입에 의존하는 삶을 살고 있다는 것이고, 세금을 적게 낸다는 것은 돈을 조금밖에 벌지 못해서라고 생각하면 된다. 세금은 소득에 비례할 수밖에 없다. 그러니 세금을 적게 낸다고 자랑할 일이 아니다.

세금에 대한 고정관념을 조금 달리하길 바란다. 우리는 국가라는 제도 안에 많은 공공재를 함께 사용하며 공무원의 서비스를 이용할 수 있기에 사업도 할 수 있고 안정된 삶을 영위할 수 있다. 이것들이 모두 우리가 성실하게 납부한 세금으로 운영된다. 공동체의 약속인 세금을 내지 않는다는 것은 공공의 혜택을 거부한다고 보아도 될 듯하다.

'세금을 먼저 알아야 한다'는 뜻은 세금을 안 내거나 적게 내는 편법을 사용하는 것이 아니다. 내지 않아도 되는 세금을 잘못 내지 않고 내 세금을 미리 계산해 보고 준비했다가 낼 수 있어야 한다는 뜻이다. 사업할 때 알아야 할 세금을 미리 알아두고, 계획적으로 자금을 운용할 수 있는 사장이 되어야 한다.

부가가치세

부가가치세란 사업을 할 때 상품이나 서비스를 제공하는 과정에서 얻어지는 부가가치(이윤)에 대해 내야 하는 세금을 말한다. 이때 세금을 내는 금액은 내가 받은 물건(서비스) 가격에서 내가 원재료를 구매해 온 금액을 뺀 차액에 해당되는 금액을 기준으로 한다.

판매 금액과 구매 금액에 각각 10%를 추가로 책정하여 둘 사이의 차이 금액만을 국가에 납부하면 되는 제도이다. 국가는 이러한 과정을 통해 각 사업자의 총매출을 체크할 수 있으므로 사업소득세를 부과하기 위한 자료로 쓰기도 한다. 세금계산서나 카드 사용명세를 통해 자동으로 국세청에 보고가 되는 시스템이다.

부가가치세는 사업자라면 반드시 6개월에 한 번 정산해서 납부해야 한다. 1월부터 6월까지 발생한 상반기 세금을 7월 25일에 신고 납부하고, 7월부터 12월까지 하반기 6개월에 해당하는 세금은 다음 해 1월 25일에 신고 납부한다.

내가 간이과세 사업자에 해당한다면 1년에 한번 1월 25일에만 신고 납부하면 되고 부가세율도 10%가 아니라 업종별로 부가가치율이 다르므로 확인해 보아야 한다.

100만 원을 벌었다고 100만 원이 내 소득은 아니다

스스로 노력해서 나만의 수입이 생긴다는 건 너무 짜릿하고 보람된 일이다. 그런데 이때 내가 100만 원을 벌었다고 100만 원이 모두 내 소득은 아니라는 걸 반드시 기억해야 한다. 많은 초보 사장님들이 한결같이 경험해 보는 것이 세금 등의 비용을 미리 준비해 놓지 못해 이런 목돈 지출이 있을 때 대출로 해결하는 일이다.

사장이 되었다면 수입과 수익과 소득이 각각 다른 의미와 금액이라는 것을 알아야 한다. 아무리 매출이나 수입이 많아도 수익이 나야 나의 소득이 발생한다. 내가 누군가에게 월급을 받고 일하는 직원이라면 수입이나 소득 그리고 수익은 모두 같은 금액이고 같은 의미이다. 그러나 내가 스스로 사장이 되어 사업을 한다는 건 최종적인 나의 소득을 위해 고정비용과 제도적 혜택을 잘 알고 있어야 한다.

쉽게 설명해서, 내가 물건이나 서비스를 제공하고 고객으로부터 100만 원을 받았다고 했을 때 우선은 총매출금액 100만 원에서 부가가치세를 10% 떼어 놓아야 한다. 6개월에 한번 10%씩 모아둔 부가가치세를 국가에 다시 내야 하기 때문이다. 그럼 나의 수입은 약 900,000원이라고 계산해야 한다. 만약 생산이나 서비스 과정에서 누군가에게 급여나 수당을 지급했다면 3.3%의 원천세를 떼어서 모아 두었다가 다음 달 10일에 국가에 원천징수세로 납부해야 한다.

이렇게 매월 발생한 소득의 1년 치 총합계액에 대해서는 6%~45%에 해당하는 종합소득세도 내야 한다. 이 모든 세금과 비용들을 미리 염두에 두지 않고 매월 사업통장에 들어오는 100만 원이 나의 소득이라고 생각하고 소비하면 크게 당황하는 일들이 자주 발생한다. 100만원을 벌었어도 그중 70만 원 정도만이 내 수입이라고 생각하고 소비해야 한다는 것을 꼭 기억해야 한다. 사업 시작 전엔 아무도 미리 알려주지 않기에 내가 스스로 잘 숙지하고 챙겨서 똑똑한 사장님이 되길 바란다.

사업소득세(종합소득세)

사업을 통해 소득이 발생했다면 종합소득세의 한 종류인 사업소득세를 신고 납부해야 하는데 이때 세금부과의 기준이 되는 금액을 과세표준이라고 한다. 과세표준 금액은 내가 총 벌어들인 매출액에서 원재료

매입 금액이나 사업 경비 등을 빼주고 나서 결정되기 때문에 해당되는 비용, 공제, 감면 등의 자료를 잘 챙겨서 과세표준금액을 최소로 낮추는 것이 절세의 중요한 포인트이다.

사업을 시작한 첫해거나 나의 수입금액이 업종별 기준금액에 미달하는 적은 금액일 때는 단순경비율이라는 간단한 계산법을 통해 쉽게 소득세를 신고하고 납부할 수 있지만 사업이 확장되어 수입이 많아지기 시작하면 세무사를 통해 (장부)'기장'이라는 형식을 갖춰서 세금 신고를 하는 편이 유리하다. 세무 비용을 아끼려다 세금을 불필요하게 더 내는 경우가 종종 있으니 꼭 기억하기 바란다.

소득세를 부과하는 수입 발생 기간을 말하는 과세기간은 매년 1월 1일부터 12월 31일까지를 말한다. 해당 기간에 내가 벌어들인 모든 종류의 수입을 합산하여 다음 해 5월 31일까지 종합소득세를 납부해야 하고 사업소득도 이 중 하나의 항목에 해당된다.

과세기간과 신고 기간 사이에 무려 5개월이라는 시간 차가 있기 때문에 비용 관련 증빙자료 준비나 장부의 정리를 미루는 경우들이 많아 정작 세금 납부 시점에는 당황하는 사업자들이 많다. 사업을 시작함과 동시에 세금에 관련된 스케줄을 잘 숙지해서 미리미리 매달 챙겨두는 습관이 필요하다. 세금 달력을 만들고 월별파일을 엑셀 등으로 준비해 둔다면 많이 도움이 된다.

●종합(사업)소득세율

과세표준	세율	누진공제
12,000,000원 이하	6%	–
12,000,000원 초과 46,000,000 이하	15%	1,080,000원
46,000,000원 초과 88,000,000 이하	24%	5,220,000원
88,000,000원 초과 150,000,000 이하	35%	14,900,000원
150,000,000원 초과 300,000,000 이하	38%	19,400,000원
300,000,000원 초과 500,000,000 이하	40%	25,400,000원
500,000,000원 초과 1,000,000,000 이하	42%	35,400,000원
1,000,000,000 초과	45%	65,400,000원

원천징수세금

처음 사업을 시작한 사업자나 1인 사업자인 경우 원천징수세금이라는 개념이 익숙지 않아 놓치게 되는 경우를 많이 본다. 최근 세법에 따르면 매달 신고 납부해야하는 가장 번거로운 세금이 원천징수세이다. 사장이 직원에게 월급을 주거나 외부 인력에게 수수료나 용역비 혹은 아르바이트 비용을 지불했을 때 발생한다. 매월 말 취합해서 홈택스나 세무서에 지급한 금액의 세금을 미리 떼어 신고하고 다음 달 10일 이전에는 해당 세금을 납부해야한다. 돈을 지불하는 쪽에서 미리 세금을 떼어 신고한다하여 원천징수세금이라고 한다.

직장을 다닐 때는 내가 원천징수를 당하는 쪽 이어서 매년 한 번씩 연말정산을 통해 원천 징수된 세금의 정산을 해 보았을 것이다. 그러나 내가 사장이 된 후에는 인건비 지급이 있을 때마다 세금을 원천징수 해야 하는 것을 잊으면 안 된다. 몇 년 전만 해도 1년에 한 번만 몰아서 신고하면 되는 항목이었으나 이젠 매달 잘 챙겨서 신고 납부해야한다. 홈택스에서 간단하게 처리할 수 있으니 잊지만 말고 챙겨보자.

●홈택스 원천징수세 신고

원천세 신고

세금신고	신고내역 조회 (접수증·납부서)	신고부속·증빙서류 제출	삭제내역 조회

고서작성
소득을 지급하는 자가 소득을 지급할 때 소득자로부터
세금을 미리 징수하여 국가에 납부하는 조세

☑ 원천세 신고

일반 신고

- 정기신고 ⊙
- 정기신고 (연말정산 환급/분납신청 대화형 방식) ⊙
- 기한후신고 ⊙
- 수정신고
- 파일 변환신고 (회계프로그램) ⊙

📋 **일반 신고**

- 매월 납부
  - 정기신고 납부기간 : 소득 지급일이 속하는 달의 다음달 10일까지
- 반기 납부
  - 정기신고 납부기간 : 소득 지급일이 속하는 반기의 다음달 10일까지
  * 1월 ~ 6월분(상반기) : 7.10.까지 / 7월 ~ 12월분(하반기) : 다음해 1.10.까지

📋 **버튼 설명**

① 정기신고 : 법정 신고납부기간 내에 신고하는 경우
② 기한후신고 : 법정 신고납부기간을 경과하여 신고하는 경우
③ 수정신고 : 당초 세금을 적게 신고하여 과세표준과 세액을 증액 신고하고자 하는 경우
④ 파일 변환신고 : 회계 프로그램에서 작성한 파일로 정기신고, 기한후신고, 수정신고하는 경우
⑤ 정기신고(대화형) : 연말정산 환급/분납신청을 포함한 정기신고를 하는 경우

원천세 신고 후 반드시 지급명세서 작성을 잊지 말제!!!
(홈택스 메인화면에 '복지이음 바로가기' 이용)

세무사를 잘 활용하는 것도 중요하다

사업을 시작하고 첫해에는 지난해 소득에 대한 자료가 없기 때문에 국가에서 나의 세금 부과 요율을 특정할 수 없다 그렇기에 대개는 단순경비율이라는 기준으로 세금 부과를 한다. 그래서 1년 차에는 세금이 별로 나오지 않아 이유도 모른 채 기뻐하며 그다음 해에도 비슷한 수준의 세금이 나올 거라 생각하게 된다. 그러나 2년 차부터는 지난해 나의 매출과 비용이 명확히 있기 때문에 소득세 신고 납부 유형이 정해지게 된다.

사업상 처리해야 할 일들이 많기에 세금 관련 증빙들을 못 챙겨 놓은 상태라면 엄청난 세금고지서를 받아들고 당황할 수도 있다. 뒤늦게 세무사나 관할 세무서에 달려가 보지만 이미 정정이 불가하고 알 수 없는 용어들로 정신이 혼미해지는 경험을 하는 일도 생긴다. 그래서 전문가를 잘 활용하는 것도 중요하다.

내가 법인사업자로 시작했다면 당연히 첫해부터 세무사를 통해 법인세 신고 등을 해야 하지만 정말 소소하게 1인 사업부터 시작하는 우리는 매달 내야 하는 세무비용이 부담스러울 수밖에 없다. 세무사에 지급해야 하는 수수료는 기장료와 조정료라는 두 가지 항목이 있는데 규모가 작은 사업체는 매달 기장료를 내고 기장을 맡길 필요까지는 없고 종합소득세 신고기간에 매출액에 따른 신고조정료만 지불하고 신고대행을 부탁하는 것이 좋다. 신고 대행 조정료를 아껴보겠다고 혼자 신고하면 그 이상의 세금을 내게 되는 경우가 많다.

그리고 내게 알아서 잘해주는 세무사란 없다. 내가 어떤 것을 질문하고 요청하느냐에 따라 필요한 서비스를 받을 수 있는 것이다. 내가 모르는 부분을 세무사가 알아서 챙겨주는 경우는 절대 없으니 내 상황과 필요를 내가 먼저 파악하고 세무 서비스를 받는다면 잘해주는 세무사를 만나게 된다.

소택언니의 조언

유명한 베스트셀러 《부자 아빠 가난한 아빠》라는 책에는 저자의 부자아빠가 사업에 필요한 전문가들을 대기시켜 놓고 그들에게 보고를 듣는다는 내용이 나온다. 우리가 사장으로 살아가기 위해서도 전문가를 고용하던지 잘 활용해야 한다.

우리가 흔히 알고 있는 전문가라고 하면 직업 이름 끝에 '사'자가 붙은 사람들을 말한다. 나도 경험이나 공부가 깊지 않았을 때는 관공서나 금융기관의 빌딩 앞에서 괜히 주눅이 들고 고급교육을 받고 말끔한 차림의 직장인들과의 대화가 어색했다. 그런데 지금은 그들의 월급이 나의 수수료에서 지급된다는 사실을 알고 있다. 그들은 김 대리, 이 과장, 박 차장일뿐 사장님이 아니다. 나는 혼자 일하고 직원 한 명 없지만 내 사업에 그리고 내 인생의 사장님이다. 내가 상담료나 판매수수료를 지불하지 않으면 그들은 월급을 받을 수 없기에 나는 을이 아니고 갑이 될 수 있는 것이다.

이런 태도와 상황은 내가 선택한 것이다. 한 달 수입에 있어서는 내가 그들의 월급을 뛰어넘을 수 없을지도 모른다. 그러나 그들은 나에게 돈을 주는 고객이 아니라 나의 수수료로 월급을 받는 사람들이다. 그러니 괜한 주눅 들 필요가 없다.

전문가의 서비스에 수수료를 지불할 때도 잘 따져 보아야 한다. 법무사, 세무사, 공인중개사, 금융기관 판매수수료, 대출이자 심지어 국민건강보험료도 내가 조절하고 아낄 수 있다. 나에게 요구하는 그들의 비용이 정당한지 아닌지를 잘 알아야 당당하게 조정을 요청할 수 있다. 물론 모든 수수료를 깎으려고만 한다면 제대로 된 서비스를 못 받을 수도 있다. 무조건 저렴한 비용으로 상담받는 것이 항상 좋은 것도 아니다. 그러나 합리적이지 못한 수수료를 요구하는 것은 꼭 짚고 넘어가는 것이 내가 힘들게 번 내 돈을 지키는 방법이고 더 나아가서는 내 사업과 인생의 주도권을 가질 수 있는 방법이다. 내가 지불한 수수료만큼의 서비스를 당당히 요구하라.

물론 그전에 내가 현재 내 사업의 상황을 정확히 파악하고 브로커들과 대화할 수 있을 정도의 공부를 하고 만나야 한다. 그들이 사용하는 용어도 알아듣지 못하고 내 사업이 운영되는 상황 파악도 안 되어 있다면 그야말로 진상고객인 것이다.

내 분야와 경영을 위한 공부를 지속해야만 나의 사업과 인생도 지속 가능한 것이다. 처음부터 다 알 수 없는 것은 당연하다. 너무 어렵고 힘들 것 같다고 그냥 돈을 쓰겠다고 생각하는 경우도 종종 보게 되는데 그것이 바로 내 인생의 사장이 아닌 고용인의 마인드로 사는 것이다. 내가 모르면 내 자녀에게도 알려줄 수 없다는 생각으로 공부하고 경험한다면 어떨까? 그렇게 부딪히는 과정을 통해 우리는 사업에서도 내 인생에서도 진정한 사장으로 거듭나게 될 것이다.

사람을 경영하기 위해
반드시 알아야 할 것

사장이 되려면 직원 관리를 잘해야 한다

처음에는 누구나 혼자 시작한다. 소소할 수도 있고 아닐 수도 있지만 사장이 되는 건 혼자서도 충분히 가능한 일이다. 그런데 모든 분야를 혼자 다 알아서 처리하고 모르는 분야를 새로 배워가면서 하기에는 시간과 비용적으로 합리적이지 않다. 언젠가는 해당 분야의 직원을 고용하여 레버리지를 이용해야 하는 순간이 오게 된다. 혼자 하는 사업에는 확장의 한계가 반드시 있다.

사업을 확장해 나갈 때 의외의 복병이 있는데 바로 '직원 관리'다. 어떤 직원을 어느 정도 비용을 주고 언제부터 고용하는 게 좋을까 등등 많은 과제들이 시작되겠지만 일단 한 명이라도 고용했다면 반드시 챙겨야 할 사회적 제도가 있다. 매월 4대 보험을 납부해야 하고 직원 퇴직금을 적립해 두어야 하고 매년 5가지 필수교육을 진행해야 한다. 이러한 기본적인 것을 챙겨두지 않으면 가산세나 과태료 등 불필요한 비용이 추가로 나가게 되므로 주의하자.

직원관리가 힘들고 어렵다고 느끼는 이유 중 하나는 사업 경영상 필요한 사회적 제도들이 어떤 것들이 있으며 어떻게 준비하고 활용해야 하는지 모르기 때문이다. 우선 반드시 챙겨야 할 제도 먼저 확인하고, 이후 사장으로서의 경영 마인드를 짚어 보도록 하자.

4대 보험

4대 보험이란 국민연금, 건강보험(장기요양보험), 고용보험, 산재보험을 말한다. 사업을 시작해서 한 명 이상 근로자를 고용했을 때 가입해야하는 필수 사회보험이다. 우리가 고용한 직원의 급여 금액에 따라 일정 요율로 회사와 직원이 나누어서 국가에 납부하는 형태다. 최근에는 사회보험 통합징수 포털에서 일괄처리 하므로 각각 따로 관리하던 예전 시스템보다 가입, 탈퇴 등이 수월하다. 직원 없이 혼자 1인 사업자일 때는 해당사항이 없는 제도이다.

일단 사업 초기에 사업장 고유번호를 부여받은 후에는 통합으로 관리되므로 모든 비용이 일괄 부과되지만 가끔은 금액 확인이 필요하다.

매년 소득이 변동됨에 따라 부과되는 4대 보험료가 잘 적용되고 있는지 확인해 보자.

●4대 보험의 종류와 관할기관

국민 연금	국민 연금 관리 공단
건강 보험	국민건강보험 공단
고용 보험	고용 보험 공단
산재 보험	근로복지공단

건강보험료의 경우에는 꼭 알아두어야 하는 유용한 팁이 있다. 1인 사업자로 사장님 한 명만 가입될 경우에는 건강보험 지역가입자에 해당되어 나의 소득뿐 아니라 주택 등 부동산 자산과 자동차도 점수화해서 높은 건강보험료가 책정된다. 반면, 회사에 한 명이라도 직원이 고용되어 있다면 사장님도 직장가입자로 적용을 받을 수 있다. 때문에 부동산 자산이 아무리 많아도 회사에서 책정해 놓은 급여만큼만 건강보험료를 부과하게 되므로 상당 부분의 건강보험료를 아낄 수 있다.

만약 은퇴한 배우자나 취업 준비 중인 자녀가 있다면 한 명이라도 내 사업장의 직원으로 고용하여 급여를 주고 사장인 나도 건강보험 직장가입자의 지위를 갖는 것이 유리한 경우도 있다. 가족을 직원으로 고용할 때 주의해야 하는 것은 사업에 관련된 업무를 반드시 일정 부분 수행해야 하고 고용보험이나 산재보험의 대상에서는 제외된다는 사실도 체크해 보고 진행해야 한다. 내 명의의 부동산 자산이나 고가의 자동차

등이 없을 때에는 지역가입자가 더 유리할 수도 있으니 잘 따져보고 판단하도록 하자.

> ※ 아르바이트의 경우 4대 보험에 가입할 의무는 없지만 1주일에 15시간, 월 60
> 시간 이상 근무하는 아르바이트라면 4대 보험 가입 의무자이다. 아르바이트나
> 외주 용역을 주어야 한다면 근로계약서상의 근무 시간을 조절하여 불필요한
> 4대 보험료의 지출발생을 피하는 것도 필요하다.

퇴직금 / 퇴직연금

직원을 고용했다면 급여와 함께 1년에 한 달 치 정도의 퇴직금도 준비해 두어야 한다. 근로자 퇴직급여 보장법에 따라 회사통장에 적립해 두거나 외부 금융기관에 모아 두었다가 직원이 퇴사하는 시점에 지급해야 한다. 퇴직금은 보통 퇴직 직전 3개월 급여의 평균값을 구해 근무연수를 곱해서 산정한다.

직원이 갑자기 퇴사를 하거나 한꺼번에 많은 인원이 퇴사하게 되는 경우에는 미리 퇴직금을 준비해 두지 못해 애를 먹는 경우를 자주 본다. 최근에는 국가에서 퇴직연금제도를 도입해서 직원 퇴직금에 해당되는 금액을 사내에 적립하지 말고 외부 금융기관 즉 은행, 보험, 증권회사에 쌓아 두도록 하고 있다. 퇴직연금제도에 따른 퇴직금 적립을 위해서는 수익이나 운용의 형태에 따라 DB/DC 형태 중 하나 혹은 복수로 선택해서 적립을 하여야 한다.

그러나 소규모 사업장의 경우에는 기업형 IRP 계좌 개설이라는 간단한 형태도 있으니 잘 알아보고 준비하길 바란다. 직원고용 시 퇴직금에 대해 미리 준비하지 않아서 발생되는 분쟁사례가 많으므로 매우 중요한 부분이다.

구분	확정급여형 (DB,Defined Benefit)	확정기여형/기업형 IRP (DC, Defined contribution)
개념	·퇴직시 지급할 급여수준 및 노사가 사전에 약정 ·기업이 적립금 운영방법 결정 ·근로자가 퇴직시 사전에 약정된 퇴직급여 지급	·기업이 납부할 수준을 노사가 사전에 확정 ·근로자가 적립금 운용방법 결정 ·근로자가 퇴직 시 운영결과에 따라 퇴직급여 지급
기업부담	·적립금 운용결과에 따라 기업 부담 변동	·매년 기업의 부담금은 근로자 임금의 일정비율로 확정(가입자의 연간 임금총액의 12분의 1이상)
퇴직급여	·근로기간과 퇴직시 임금 수준에 따라 결정(계속 근로기간 1년에 대하여 30일분의 평균임금에 상당하는 금액 이상)	·자산 운영 실적에 따라 퇴직 급여 수준 변동
근로자 추가납입	·불가능	·가능
적합한 기업, 근로자	·도산 위험이 없고, 정년 보장 등 안정된 기업	·연봉제 도입 기업 ·직장 이동이 빈번한 근로자

직원의 법정의무교육

업종과 종업원 수에 따라 조금씩 차이가 있기는 하지만 5대 법정 의무교육을 알아두어야 한다. 현재는 통상 5인 이상 근무하는 사업장부터 의무교육이 진행된다.

산업안전 보건교육은 해당 업종에서만 진행해도 되지만 개인정보보호법에 경우는 5인 미만 사업장이라 하더라도 개인정보 관련 업무를 하는 직원이 있다면 반드시 진행해야 한다. 교육을 미 이수한 상태에서 사고가 나는 경우에는 과징금이 최대 5억 원까지 발생하기도 한다.

가끔 메일이나 팩스로 법정의무교육을 한꺼번에 무료로 진행해 준다는 업체들이 연락이 오기도 하는데 이는 대부분 다른 금융상품들을 영업하기 위한 경우가 많으니 주의해야 한다.

●5대 법정 의무교육

산업안전보건교육	산업안전보건법 제 31조 의거 매분기 3〜6시간 이상 교육 실시(미이수 최대 500만원 과태료)
성희롱예방교육	남녀고용평등법 제 13조 의거 연간 1회 1시간 이상 교육 실시(미이수 최대 300만원 과태료)
개인정보보호교육	개인정보보호법 제 28조 의거 연간 1회 1시간 이상 교육 실시(보안사고 발생시 최대 5억원 과징금)
장애인 인식 개선 교육	장애인 고용촉진 및 작업재활법 제 5조의 2 의거 연간 1회 1시간 이상 교육 실시(미이수 최대 300만원 과태료)
퇴직연금교육	퇴직급여 보장법 제 32조 의거 연간 1회 1시간 이상 교육 실시(미이수 최대 1000만원 과태료)

소택언니의 조언

우리가 직장 생활을 할 때 가장 힘들었던 문제는 무엇일까? 업무적인 부분도 많겠지만 사실 많은 직장인들이 인간관계 때문에 힘들어한다. 비단 직원으로 일할 때만의 문제가 아니다. 내 주변의 많은 사장님들도 '직원 관리'에 어려움을 호소한다. 차라리 그냥 혼자 할 때가 편했다는 푸념을 늘어놓는 걸 보면, 인간관계가 얼마나 어려운지 새삼 깨닫게 된다.

사장으로 살아가면서 늘 생각해야 하는 게 무엇일까. 직원을 둔 사장이 된다는 것은 나 혼자가 아닌, 다른 사람의 능력을 빌린다는 뜻이다. 얼마 전부터는 '레버리지'라는 단어로 통용되기도 한다. 경제와 경영에 있어서 적은 힘으로 큰 힘을 낼 수 있도록 하는 방식이다. 그래서 사장이라면, 또 투자자라면 '레버리지'를 적극 활용할 줄 알아야 한다고 말하는 사람이 많다.

나는 사장으로서 가져야 할 마인드를 '레버리지'가 아닌 '시너지'라고 말하고 싶다. 시너지와 레버리지 둘 다 무언가를 활용해 내가 가진 것보다 더 큰 힘을 낼 수 있다는 뜻이다. 하지만 미묘하게 느낌이 다르다. 우리 주변에 많은 '도구'들을 통해 더 극적인 효과를 본다면 그리고 나만의 이익이 더 크다면 그건 레버리지라고 할 수 있겠다. 레버리지의 효과를 본다는 건 한쪽만 유리하다는 뜻이기 때문이다. 즉 상대를 이용함으로써 나의 이익이 그 사람보다 클 때를 의미한다고 느껴진다.

만약 내가 더 효율적인 성장을 하기 위해 활용하는 것이 '사람'이라면 나는 레버리지 보다는 시너지를 가지고 싶다. 나와 함께하는 사람을 통해 서로가 원원하는 결과를 얻게 된다면 시너지라고 표현하는 게 맞지 않을까? 우리가 사장으로서 누군가를 고용한 덕에 주도적이고 더 만족스럽고 행복한 삶을 산다면, 내가 시너지를 얻는 것이고, 나 또한 상대에게 시너지를 주는 사람이어야 한다. 시너지의 효과는 양방향인 것이다.

예전에 우리가 활용할 수 있었던 도구들이 단지 사람의 노동력뿐이었을 때, 상대와 나의 효용이 분명 공평하지 않았다. 또 그러한 현상들을 당연하게 받아들이곤 했다. 누군가는 레버리지 했고, 누군가는 레버리지 당한 것이다. 하지만 지금 우리가 살아가는 환경 속에서는 나만의 레버리지를 위해서 사람을 활용하기보다는 많은 도구들을 활용함이 맞다고 생각된다. 직원의 편의를 위해 다양한 시스템이나 공간, 제도를 마련하는 것이다.

사람과 사람 사이의 효율 극대화는 공평한 시너지 효과를 통해서만 완성되어야 마땅하다. 나의 편안함이나 이득을 위해 상대의 시간과 노력을 불공평하게 내어주기를 바라는 마음을 내려놓을 때 진정으로 만족스러운 관계와 지속적인 교류가 가능하다고 생각된다. 우리가 삶 속에서 추구하고자 하는 주도적이고 독립적인 사장으로서의 태도와 자세는 진정 함께 성장하려는 마음으로부터 나와야 할 것이다.

사업가로서 또 다른 사업가를 대할 때도 마찬가지지만, 우선은 내가 고용한 직원과의 관계에서 먼저 적용해야 한다. 직원을 직원으로 대하면 그는 '직원'에 맞는 역할 만큼만 일할 것이다. 만약 함께 시너지를 일으킬 그 분야의 사장님으로 직원을 대한다면 그도 역시 자신의 삶과 일을 주도적으로 해나가는 사장님으로 성장할 것이다.

상대를 도구로 생각하는 레버리지보다는 시너지의 마인드로, 가장 소중한 '사람'이라는 재산을 얻는 멋진 사장이 되어보자.

물려주기는
미리 준비해야 한다

물려준다고 생각하면 마음가짐이 달라진다

40대의 후배들에게 사장이 되어야 한다고 외치는 이유는 여자가, 그것도 엄마가, 사장으로서 성공할 잠재력이 훨씬 더 높다고 생각하기 때문이다. 자녀 앞에서는 없던 힘도 생기는 사람이 엄마다. 그러니 훗날 나의 사랑하는 자녀들에게 어떤 엄마로 기억될 것인가 생각하면 사뭇 숙연해지는 것이 모성이다.

우리네 인생이야 '알몸으로 태어나서 옷 한 벌은 건졌'으니 괜찮다. 어차피 내가 가져갈 수 있는 것은 옷 한 벌이 전부지만 대신 자녀에게 무엇을 남겨줄 것인가?

나는 당신의 사업을 남겨주길 바란다. 사업을 시작하면 '물려주기'를 미리 준비하라는 내 말에 '이 쪼그만 사업체 뭐 얼마나 잘된다고 자식한 테 남겨줘요?'라고 코웃음 치는 사람도 있었다. 시작도 하기 전에 얼마나 잘 될지 모르겠다고 생각하는 건 이미 지고 들어가는 것이다.

우리는 반드시 잘되려고 사업을 시작한다. 시작부터 내가 내 사업의 규모와 성패를 결정하고 시작하자. 아무나 사장으로 살기로 결심하고 실행하지 않는다. 지금 사장이 되기로 마음먹고 출발선상에 서 있는 당신이라면 지난 50년의 인생 경영을 성공적으로 해낸 사람이라고 나는 믿는다.

그러니 성공을 상상하라. 그리고 미리 그곳에 가 있는 것처럼 행동하고 준비하라. 내 아이에게 물려줄 사업체라고 생각하는 순간, 우리는 조금 더 탄탄하고 정직하고 미래지향적인 사업을 하게 될 것이다. 미래를 보고 지금을 준비하기를 바란다.

증여세와 상속세

사업을 시작해 성공적인 결과를 얻게 되면 돈을 많이 벌 수 있을 것이다. 부모에게 물려받은 자산이 적었던 사람은 한풀이처럼 내 자녀는 어려움을 겪지 않도록 집 한 칸이라도 미리 마련해주고 싶은 마음도 든다. 소위 말하는 비빌 언덕을 주고 싶을 것이다. 만약 부동산이나 현금 등의 자산으로 상속 또는 증여를 해 주어야겠다고 생각한다면 우리나라의 세금은 많이 가혹하다. 그러니 각자의 상황에서는 자녀에게 자산을 물려줄 때 부동산으로 주는 것이 유리할지 아니면 금융자산으로 주는 것이 유리할지 따져 보아야 하고 이때 상속세와 증여세를 미리 알아보는 것은 당연하다.

우선 상속세와 증여세는 물려주는 금액의 크기에 따라 같은 세율이 적용된다.

증여 및 상속세율		
과세표준	세 율	누진공제
1억 이하	10%	0원
1억 초과~ 5억 이하	20%	1,000만원
5억 초과~10억 이하	30%	6,000만원
10억 초과~30억 이하	40%	16,000만원
30억 초과	50%	46,000만원

만약 30억 이상의 자산을 물려주면 세금을 무려 절반 정도 금액을 내야 한다. 물론 누진 공제 금액을 빼면 약간 세금액이 내려가긴 할 테지만. 힘들게 자산을 일구어서 세금으로 너무 많은 금액을 내는 것은 누구나 원치 않을 것이다. 내가 운영하던 사업체를 개인 자산으로 미처 전환해 놓지 못한 상태에서 사망 등의 사고로 갑자기 상속이 되어 버린다면 문제는 더욱 심각해진다.

내 사업체에 대한 상속 시 평가가치가 즉 과세표준이 잘못 계산되어 남은 가족들은 상속세를 내기 위해 회사를 헐값에 넘기거나 자녀들 간의 분쟁이 생기는 경우도 있다. 재무상담을 10년 넘게 하면서 종종 마주했던 상황들이다. 사업경영에 대한 정보나 노하우를 전혀 모르는 가족들이 사업체를 물려받을 수도 없고 주식평가 금액에 해당하는 상속세는 부담해야 하기 때문에 재산상의 많은 손해가 생기게 된다.

그럼 사전에 증여해 주면 문제가 없을까? 어떤 부모들의 경우 자녀가 혹시 자산을 탕진하지 않을까 싶어, 자산을 너무 늦게 증여해 주는 경우도 있다. 하지만 늦게 증여하고 10년 이내에 사망하면 미리 증여한 자산들까지도 상속자산으로 다시 합산이 되기 때문에 자녀들이 받는 상속세 부담이 더욱 커지는 경우도 있다.

우리는 사업을 성공적으로 경영하기 위해 사장이 되기로 결심한 것이다. 그렇다면 성공적으로 사업을 일군만큼 성과가 쌓일 텐데 어떻게 물려주는 것이 가장 현명한 증여의 방법일까? 많이 벌어서 세금을 왕창내고 돈이나 건물을 자녀들 손에 쥐어 주고 싶은가? 자녀를 위해 어떤 계획을 미리 세워두는 것이 좋을까?

가업승계가 답이다

자녀에게 물려주는 방법 중에 하나로 '가업승계'를 생각해 볼 수 있다. '가업승계에 대한 증여세 과세특례' 제도에 대해 잠깐 언급해 보자면, 중소기업을 10년 이상 계속하여 경영한 60세 이상의 부모로부터 해당기업의 주식(100억 원 한도)을 자녀가 증여받는 경우 증여시점에서 5억 원의 공제금액을 제외한 나머지 금액에 대해서 10~20%의 낮은 세율로 증여세를 내게 된다. (2023년부터 완화개정)

예를 들어 내 사업체의 주식 평가금액이 50억일 때 가업승계가 아닌 일반 증여로 물려준다면 5,000만 원 공제 후 세율 50%에 해당하는 금액을 세금으로 내야한다 그러나 가업승계의 기준에 맞춰 자녀에게 증여한

●일반증여와 가업승계증여세 과세특례와 비교

구분	일반적인 증여	가업승계 증여세 과세특례
증여 공제	5천 만원	10억원
증여 세율	10%~50%	10%~20%(단 600억원 한도)
신고세액공제(3%) 가능여부	가능	불가능
상속재산 가산 여부	10년 내 증여받은 경우 상속재산에 가산	기간에 관계없이 무조건 상속재산에 가산

구분	가업승계에 대한 증여세 과세특례인 경우	일반적 증여인 경우	비교 금액
증여세 과세가액	70 억원	70 억원	
증여공제	10억원	0.5억원	
증여세 과세표준	60억원	69.5억원	
세율	10% (60억원 초과분은 20%)	50% (누진공제 4.6억원)	
산출세액	6억원	30억 1,500만원	
신고세액공제	–	(9,045만원)	
납부할 세액	6억원	29억 2,455만원	23억 2,455만원

다면 공제금액도 5억 원이고 세율도 30억까지는 10%이고 나머지 15억에 대해서는 20%의 세율만 적용된다. (일반증여세 : 20억 1500만원 / 가업 승계세금 : 6억)

　최근에는 도시에서 직장을 다니던 자녀들이 고향으로 돌아와 부모님의 유명 식당이나 농장 등을 물려받아 다시 리뉴얼해서 더욱 키우 는 사례들을 많이 보게 된다. 이렇게 미리 증여받아 사업을 더 확장시켰을 경우 증여받았을 당시에 금액에 해당되는 상속세만을 추가로 내면 되는 구조이므로 자녀에게 나의 사업에 관한 노하우와 경영이념을 미리 전수해 준다는 효과와 함께 절세에도 상당히 유리하다. 그리고 내가 처음 사업을 시작할 때부터 자녀에게 증여를 염두에 두고 경영을 한다면 더욱 정직하고 탄탄한 회사를 만들기 위해 노력하지 않을까 싶다.

　사업을 시작할 때부터 사장의 태도와 마인드를 제대로 갖추고 후손에 물려줄 마음으로 사업을 경영한다면 대대로 인생의 주도권을 가지고 살 수 있는 멋진 가문의 1대 조상이 되는 것이다. 생각만 해도 가슴 뛰지 않는가? 자신의 꿈에 스스로 한계를 두지 말자. 인생의 주인으로 사는 가풍을 만들겠다는 마음으로 삶과 사업을 경영하기를 바란다.

소택언니의 조언

나는 소위 말하는 '갖은양념'이 들어가는 음식을 잘 못한다. 고추장과 고춧가루가 도대체 어떤 차이가 있는지도 모르겠고, 비율만 잘 맞추면 된다는데 그 비율 맞추기가 그렇게 어렵다. 그럴 때면 언제나 친정엄마 찬스를 쓴다.

"엄마, 제육볶음 할 때 양념 뭐뭐 넣어야 된댔지?"

요즘이야 뭐 스마트폰만 찾아도 각종 '황금 레시피'가 줄줄 나오지만 급박한 순간에는 엄마에게 거는 전화가 가장 빠르고 믿을만하다. 그런데 나는 아이가 이럴 때만 전화를 한다면 내 자신이 조금 작아질 것 같다. 자녀에게 엄마의 손맛을 알려주는 것도 좋지만, 지금 40대의 후배들에게 거는 작은 바람이 있다. 반찬 하는 법만 가르쳐주는 엄마가 되지 않길 바란다. 각종 요리 레피시는 백종원 '사장님'에게 맡기고, 인생의 선배로, 사업 선배로 살아가는 엄마가 되면 어떨까?

큰딸은 5년간의 해외 유학 생활 중에 예상치 못한 지병이 생겼다. 처음에는 받아들이기 힘들고 마음이 무거웠다. 누구의 탓도 아니지만 어느새 자책하고 있는 나를 보게 되었다. 자책만으로 나아질 것은 없다. 아이를 위해 해결 방법을 찾아 보기로 했다.

근무시간을 채워야하는 직종에 취직하는 것은 건강상 무리가 있으니 개인사업을 하는 게 좋겠다는 생각을 했다. 여러 가지 업종을 알아보고 나서 큰딸은 무인카페를 오픈하게 되었다. 아이가 직접 영업허가와 인테리어 그리고 사업자등록까지 마치고 사장님이 되었다.

청년창업 대출과 각종 제도들을 알아보는 것은 내가 아이와 함께 했다. 부동산과 세금공부를 미리해둔 덕에 아이에게 많은 조언과 도움을 줄 수 있어서 창업 준비 과정이 그리 어렵지는 않았다. 큰딸이 사장님인 무인카페는 이제 나의 사무실이 되기도 했다.

7평 남짓의 작은 가게지만 아이는 사장님이 되었다. 새벽부터 일어나서 손님이 오기 전 카페를 청소하고 날이 더워지면서 불빛을 보고 찾아들어오는 작은 벌레들도 싹 치워둔다. 원두나 컵, 빨대 등등 소모품이 떨어지진 않았는지 체크하고, 미리 주문을 넣고, 언제라도 고객의 전화가 올지 모르니 핸드폰에도 주의를 놓치지 않는다. 이런 작은 경험들이 훗날 아이를 더 큰 사장으로 만들고, 인생의 주인으로 살 수 있게 하리라고 나는 믿는다.

앞으로도 나는 딸들이 사업 확장을 위해 중요한 결정을 해야 하는 순간 사업의 선배로서 나를 필요로 하는 엄마이고 싶다. 미래 유망 사업 아이템 구상을 위해 함께 전시회에 동행하는 엄마이고 싶다. 내가 직접 느끼고 경험했던 세상의 흐름과 삶의 지혜를 전수해 주며 아이의 도전과 재능을 응원해 주는 그런 엄마. 그런 엄마가 될 수 있어서 참 다행이다.

진정한 증여란 돈이나 부동산이라는 물고기를 물려주기보다는 물고기를 잡으러 가는 길에 동행해 주는 것이라고 생각한다. 연못의 위치를 찾아가는 길을 알려주고 아이가 스스로 물고기를 잡으면 함께 기뻐해 주며 더 큰 물줄기를 찾아 떠날 수 있게 용기를 주는 엄마가 되자. 돈보다 아파트 한 채 보다 사장으로 살아갈 용기와 담대한 경영의 마인드를 증여해주자.

거기에 조금 더 보탠다면 다음 세대가 소중히 받아 밑천으로 쓸 수 있는 삶을 살 수 있도록 하자. 가문의 올바른 문화와 삶의 철학을 남기는 걸 내가 해 보고 싶다. 나 혼자만의 삶을 겨우겨우 살아내는 인생이 아니라 나와 내 가문 그리고 우리가 함께 살아가는 세상이 조금이라도 나아지는 데 기여하겠다는 어른의 태도와 마인드로 살아가자. 그런 엄마의 모습을 '말'이 아닌 '삶'으로 보여주자.

엄마로서 물려줄 수 있는 가장 값진 유산이 될 것이다.

누가 그래?
내 꿈이 그저 꿈으로만 머물 거라고?
Who Says that My dream have to stay just my dream?
-[인어공주]

Part 5

우당탕탕, 그녀들!
사장이 되다

이 장에서는 소택언니와 개인적으로 또는 온라인 자기계발 모임에서 만난 이후 사장이 되어 살아가고 있는 이들의 이야기를 담았다. 소택언니가 독자들에게 도움이 될 만한 사례자를 신중하게 꼽았고, 소택언니와 함께 이들을 만나 나눈 이야기를 바탕으로 글로공명이 작성했다. 아직 완성되진 않았지만 우당탕탕, 자신만의 사업을 만들어가는 이들은 두려움에도 불구하고 실행했다는 공통점이 있다. 이들의 이야기가 바로 당신의 이야기가 되길 바란다.

10년 동안 그냥 해온 일이
사업콘텐츠였다니!

－월천아우라

- 산지 직송 농.축.수산물과 과일 등을 공급하는 회원제 온라인 마켓을 만들었다.
- 지리산이나 제주도에서 월천아우라의 가족, 지인들을 통해 믿을 수 있는 농·축·수산물을 산지에서 직접 배송해 준다.
- 월아클럽 회원에게만 제공되어 더욱 특별하다. '고객감동'을 넘어 '고객기절'을 지향하는 것으로 유명하다.

맛있고 신선하기로 소문난 월아마켓 탄생의 비밀

'월아마켓'의 소문을 처음 들은 건 '방울토마토'때문이었다. 우리 삼남매는 방울토마토라면 질색을 한다고 했더니 하나같이 '월아마켓'의 방울토마토는 다르다는 것이다. 입에도 대지 않던 아이들도 방울토마토 한 상자를 싹 비웠다나. 월아마켓의 사장인 월천아우라(이하 월아)를 처음 만났을 때 이유를 알 수 있었다.

'이 언니는, 일을 대충대충 할 성격이 아니구나. 빈말도 하지 못하는 성격이구나'

꼼꼼하면서도 인정 넘치는 그녀의 성격은 월아마켓에서 판매하는 패

키지를 받아본 사람들은 누구나 안다. 감자를 판매한다고 해놓고 감자만 넣는 것이 아니라 감자 닦는 솔을 챙겨 보내고 감자전 부쳐 먹으라고 부침가루에 제주 통마늘까지 보내는 사람이 월아다. 하긴, 월아마켓을 시작하게 된 밑바탕에도 월아의 이런 마음이 담겨 있다.

사실 월아는 불과 몇 년 전까지는 평범한 주부로 살았다. 아이 셋 낳고 그 아이들을 키우는 것만으로도 충분히 벅찬 삶이었다. 동네 엄마들과 맛있는 음식 먹으면서 수다를 떠는 것이 그저 낙이었던 시절, 코로나 이후 혼자만의 시간이 많아지자 그때서야 궁금해졌다.

'아이들도 슬슬 적당히 내 손을 떠나고 40대 후반이 되었는데 나도 이제 뭔가를 해야 하지 않나? 내 목소리를 내야 하는데 뭘 할 수 있을까?'

그나마 관심이 있던 것은 요리였다.

"제가 요리를 쉽게 하는 스타일이거든요. 엄마도 요리를 했고, 언니도 요리를 하고, 지리산에서 농사를 짓잖아요. 좋은 재료를 자꾸 보내주니까 요리를 할 수밖에 없었어요"

내친김에 한식, 양식 요리 자격증을 따고 나니 떡 케이크를 만들고 싶다는 생각에 앙금플라워, 절편공예 등 관련 자격증도 땄다. 한번 꿈이 생기니 자꾸 꿈이 커진다. 새벽 딱 두 시간 동안은 커피와 토스트를 무료로 나눠주는 카페를 만들고 싶다는 생각을 하니 슬슬 웃음이 난다. 그렇게 꿈을 찾아 가던 도중에 만난 것이 '꿈꾸는 서여사의 무자본 창업'스터디였다.

맛있는 요리의 비결은 신선하고 좋은 재료에서부터 온다

무자본 창업 스터디에서는 자신만의 콘텐츠를 찾아내고 그것을 알리는 나눔강의를 해야 한다. 월아는 자신의 강점을 살려 '10분 뚝딱 요리'라는 콘텐츠를 생각했다. 그런데 강의 준비를 하면 할수록 오히려 더욱 막막해졌다. '과연 내 레시피대로 한다고 같은 맛이 날까?' 의문이 생긴 것이다.

월아가 10분 만에, 대충해도 맛있는 요리를 할 수 있는 것은 좋은 재료가 있기 때문이다. 산지에서 올라온 믿을 수 있는 싱싱한 재료는 거창한 조리과정이 없어도 맛이 난다. 비법이 필요없다. 그 재료의 신선함이 가장 큰 비법이다. 이 재료가 없는데 과연 같은 맛을 낼 수 있을까. 너무 고민이 깊어져서 '에라 모르겠다' 라는 심정으로 오빠가 사는 제주도로 떠났다고 한다.

마침 콜라비랑 브로콜리를 수확하던 철이었는데 밭에 있는 이 녀석들이 너무 예쁜 거다. 그 예쁜 보라색과 초록색을 감탄하며 바라보다가 문득 고마운 사람들에게 보내주고 싶다는 생각이 들었다. '꿈꾸는 서여사'에게도 콜라비와 브로콜리, 쪽파를 담아 정성껏 보냈는데 그걸 본 소댁언니가 '너 이거로 사업하면 되겠네!' 하는 것이다. 그렇게 어처구니없이 월아마켓이 탄생했다.

더 기가 막힌 건 이 일은 이미 10년도 넘도록 월아가 하고 있었다는 사실이다. 지리산에 있는 언니와 제주도에 있는 오빠가 철마다 제철 농수산물 보내줬다. 워낙 정이 많고 사람들과 나누는 것을 좋아하는 월아는 받은 걸 뚝뚝 떼서 동네 언니들에게 나눠주곤 했다. 특히 맛있는 게 있다거나 밭에서 많이 났다 싶은 것들은 본인이 택배비까지 내주면서까지 지인들에게 나눠줬다.

그러니 월아의 지인들은 얼마나 좋았을까. "요즘은 뭐 나오니? 감자 나왔니? 귤은 언제 나와?" 물어보기만 했다. 소택언니는 달랐다. "너 이걸로 사업하면 되겠네! 사업자등록 내!" 월아가 10년 넘게 좋아서 해오던 일을 사업 콘텐츠로 만들어 준 것이다.

아직 초보 사장님인 월아. 사업이라고 시작하긴 했지만 사실 지금은 남는 건 거의 없다. 오히려 마이너스가 날 때도 많다. 하지만 덕분에 '내가 이렇게 계산을 못하는 사람이구나' 깨닫게 되었단다. 그래도 어쩌겠는가. 뭐 하나라도 더 해주고 싶다. 삼겹살을 팔아도 그냥 삼겹살만 보내지 않는다. 어차피 상추도 필요하고 파채도 필요할 텐데 그거 사겠다고 장보러 가는 수고를 줄여주고 싶었다. 지리산에서 자란 청상추에, 파채도 양념까지 같이 보내주고, 열무가 제철일 때는 서비스로 열무김치도 담가서 보내주었다. 고추나 대파, 마늘 등 다른 야채를 넣어 주기도 했다

주변 가족들이 힘들기만 하고 남는 게 없는 걸 뭐하러 하느냐고 쓴소리를 하기도 했다. 그럴 때마다 월아는 남는 게 왜 없냐고 말한다. 더 잘 할 수 있는 방법들을 배우고 있는 중이고 가장 크게 남는 건 경험이고 경험하지 않고 진정으로 배울 수 있는 건 아무것도 없다고.

"경험은 깡패다!"

요즘 월아의 신조다.

초보 사장님이 되어보니 달라지는 것들

월아가 이렇게 자신있게 외칠 수 있는 이유는 내 실력이 갖춰졌을 때 돈이 따라온다고 믿기 때문이다. 아직은 더 성장하고 있는 시기다. 그래도 사업자등록을 하면서 확실히 달라진 게 있다. 마음가짐은 물론이고, 일을 하는 프로세스도 달라졌다. 예전처럼 그냥 좋은 마음으로 나눠주는 것과 돈을 단 돈 만원이라도 받는 것은 확실히 느낌이 달랐다.

책 한 권을 읽어도 사장의 마인드가 되어 읽으니 다른 것들이 눈에 들어온다. 세세하게는 세금을 따지는 것, 조금 더 좋은 물건을 보는 눈, 마케팅의 중요성, 고객을 대하는 태도와 마음가짐 등에 대해서 계속 생각하고 새로운 시도를 하고 있다. 지금이나 10년 전이나 똑같이 돈을 못 벌고 있다고 해도 결과는 분명히 다르다. 실수하고 아쉬웠던 것들에서 배우면서 물건을 판매할 때마다 한 계단씩 성장하고 있다.

그 물꼬를 트게 해준 사람이 소택언니였다. 월아는 소택언니를 가리켜 '나를 사장님으로 만들어준 사람'이라고 말했다. 인생을 바꾸는 가장 확실하고도 중요한 방법은 나를 알아봐주는 사람을 만나는 것이었다. 덕분에 꿈에도 생각 못한 사업자를 내면서, 사업자 내는 일이 생각보다 쉽다는 일을 알게 되었다. 안 해보니까 어렵고, 어렵다고 지레 짐작했던 거지, 해보면 생각만큼 어렵지 않다. 하나씩 하나씩 경험하다 보면 두려움 없이 도전할 수 있을 것 같다는 자신감이 든다.

소택언니가 자기를 알아봐줬던 것처럼 월아도 '나는 아무것도 할 게 없다'라는 엄마들에게 해주고 싶은 말이 있다.

"책에 많이 나오는 '1만 시간의 법칙' 있잖아요. 그거 보면서 '나는 꾸준히 해온 게 하나도 없다. 할 줄 아는 게 없다' 절망했는데 생각해보니 있더라고요. 그게 독서랑 운전, 나눔이었어요. 누구에게나 10년 넘게 꾸준히 해온 일이 있을 거예요"

월아는 독서 덕분에 성장하고 싶다는 마음을 내려놓지 않을 수 있었다. 또 시골에서 올라온 재료를 동네 언니들한테 요리조리 운전해서 나눠준 경험 덕에 지금은 산지 어디든 가서 좋은 물건을 보고, 상품으로 연결하고 돌아오게 되었다고 말한다. 정말 아무것도 아닌 작은 일이지만 꾸준히 해 온 경험은 무시하지 못한다. 그 경험을 바탕으로 월아는 사장이 되었고, 지금은 또 다른 사업을 꿈꾸는 중이다.

아무도 흉내 낼 수 없는 진정한 자신의 이야기를 모으는 지금이 너무 재밌고, 미래가 기대된다고 월아는 말한다.

"당신에게도 이미 당신만의 사업 콘텐츠가 있을 겁니다. 그것을 찾길 바라고 응원합니다"

남들이 다 가는 길이라고
정답은 아니다

－도란도란 전대표

• 온라인으로 전자책 코칭을 하고 있다.
• 전직 보육교사의 경험과 심리, NLP 공부 등을 통한 코칭 상담 전문가를 꿈꾼다.
• 남의 말만 듣고 시작한 사업 실패를 경험 삼아 성장해 가는 중이다.

카운터에 앉아만 있으면 800만원이 들어온다고?!

'월천'이라는 단어가 신조어, 유행어가 됐나 보다. 월에 1,000만 원 벌
기가 목표가 된 사람들은 물론이고 '이렇게만 하면 월천 법니다'라는 식
으로 사람들을 끌어들이는 상술이 온라인에 횡행한다. '먹기만 하면 살
빠지는 약'이라는 광고 문구만큼이나 달콤하고 강렬한 유혹에 끌려 사
람들은 큰 금액을 결제한다.

'에이. 이렇게만 하면 월 천 번다는데. 이 정도 금액은 투자해야지'

하지만 결국 안타깝게도 돈 버는 사람은 내가 강의를 수강한 그 사
람일 뿐.

전대표는 말한다.

"월 1,000만 원, 월 100만 원 번다라는 후킹에 매료되지 마세요. 물론 돈이 없을수록 돈에 더 후킹 되죠. 그 결핍을 파고드는 게 마케팅이에요. 그럴수록 내 위치를 명확하게 판단하고 마인드를 정립해야 합니다"

이렇게 말할 수 있는 이유는 전대표 역시 과거에 그랬기 때문이다. '저 사람만 따라하면 나도 저 정도 벌 거야.' 그렇게 사업을 시작했다. 지금 생각하면 참 어리석지만 그땐 왜 그랬는지 모르겠다. 시스템은 다 되어 있으니 카운터에만 있으면 800만 원을 벌 수 있다는 말에 혹해서 지인의 식당을 인수했다.

분명 잘되는 식당이다. 그 잘되던 식당이 망하는 데는 채 몇 년이 걸리지 않았다. 가게를 정리하고 불안장애까지 겪었다. 집 밖으로 나가면 누가 칼로 찌를 것 같은 느낌이 들어서 나가질 못했다. 사장으로서 가게를 살리지 못했다는 죄책감, 사업한답시고 엄마로서 아이들을 제대로 돌보지 못했다는 것에 대한 미안함까지 더해졌다. 가게를 넘겨준 사람만 원망할 뿐 할 수 있는 것도 없었다.

다시는 그쪽 근처는 쳐다도 안 보겠다고 마음먹을 정도로 많은 것을 잃었다. 이사까지 감행하고 나서 마음이 어느 정도 회복된 다음에야 뒤를 돌아볼 수 있었다. 그때 깨달았다. 가게를 넘긴 사람의 잘못이 아니라는 걸. 감당할 수 없는 큰 빚만 남긴 사업 실패. 그 책임은 자기 자신에게 있었다. 전대표는 그때를 회상하며 말했다.

"돈을 벌러 갔는데 돈에 대해서 관심이 1도 없었던 거죠. 가게 운영이 어떻게 되는지도 모르고, 정말 앉아만 있으면 돈이 떨어지는지 알았어요"

너무 순진했던 건지도 모른다. 전대표는 카운터에 앉아만 있어도 된다는 말을 진짜 믿었다. 지인의 말대로 월수입 800만 원만 생각했지 가게를 운영하면서 월세가 나가고, 월급이 나가고, 전기세가 그렇게 많이 나간다는 것을 미처 계산하지 못했다. 세무사가 자료를 달라는데 도대체 뭘 줘야 하는지도 몰랐다고 한다. 이제야 생각하니 예고된 망함이었다.

당신의 자기 계발은 안녕하십니까?

결국 그렇게 식당을 접고 사무직에 근무하다가 코로나가 오면서 온라인 자기 계발 세계에 빠져들었다. 처음에 전대표는 꼭 시골에 살다가 도시에 처음 온 촌뜨기처럼 온라인 세계가 신기하고 재미있었단다. 불가능이라곤 없는 새로운 세상이 열린 것 같은 느낌이 들었다. 시간과 열정을 들여 블로그 쓰기, 경제 도서 읽기, 미라클 모닝, 필사 모임, 감사 일기 쓰기 모임 등 다양한 챌린지에 참여했다.

물론 그만큼 돈도 많이 썼다. 스스로 부족하다는 생각이 들면 배움을 게을리하지 않았던 것이다. 돈이 필요했으니 관련 강의를 중점적으로 들었다. 강사의 말대로 하면 월 100만 원씩 벌 수 있다고 해서 목돈도 썼는데 그만큼 수입을 올리는 수강생들을 보면 대부분 시간을 자유롭게 쓸 수 있는 사람들이었다. 하루의 대부분을 직장에 매달리고 아이들까지 돌봐야 하는 전대표가 따라가기에는 벅찬 일과였다.

전대표는 그제야 번쩍 정신이 들었다. 뼈아픈 사업 실패도 생각해 보면 남의 말만 듣고 시작해서가 아니었던가. 다른 사람이 쉽게 한다고, 이렇게만 하면 된다고 해서 모두에게 그 방법이 정답이 되는 것은 아니다. '나'라는 사람이 다르고 내 환경과 상황이 다르니, 다른 사람들만 따라가다가는 분명히 좋지 않은 결과가 난다는 것을 온몸으로 겪은 전대표다. 이제 보니 자기 계발 세계에서도 똑같더란다. 내 위치에서 맞는 투자, 아웃풋을 찾아가야 한다.

전대표의 말에 소택언니도 고개를 연신 끄덕였다. 소택언니 역시 자기 계발 세계에서 남들이 다 하니까 그냥 무작정 책을 읽고 강의를 듣고 투자하는 모습을 많이 봐왔던 터다. 눈앞에 절벽이 있는 줄도 모르고 집단에 휩쓸려서 떨어지고 마는 나그네쥐처럼 '남들이 다 하니까'라는 마음으로 맹목적인 자기 계발만 하고 있는 건 아닌지, 스스로를 돌아봤으면 좋겠는 마음이다.

나를 제대로 알고 새롭게 다시 써나가는 꿈

다행히 전대표는 다시는 같은 실수를 하지 않으려 다짐했다. 최근에는 NLP(Neuro Linguistic Programing)를 공부 중이다. 무의식적으로 작용하는 신경 화학적 정보처리방식을 이해하고 자신의 사고나 행동을 바라보니, 조금 더 자기에 대해서 알게 된다고 했다. 자신이 호기심이 많고, 공감을 아주 잘하는 사람이며 떠드는 것, 가르쳐주는 것을 좋아한다는 사실을 알게 되었다. 이러한 자신의 강점을 살리면 되겠다 싶어졌다.

앞으로 공부를 계속해서 수다를 떨면서 소통하는데 알고 보면 심리 치료까지 가능한 그런 심리상담가가 되고 싶다. 물론 그래도 자기 계발은 꾸준히 해나갈 것이다. 나의 성정과 나의 상황에 맞게. 온라인에서 만난 많은 사람들이 좋은 자극을 주고 서로 성장할 수 있도록 도와주는 모습이 좋기 때문이다.

아직은 완치되지 않은 이 아픈 일을 꺼내놓은 이유도 그래서다. 나의 아픔이 누군가의 아픔을 위로할 수 있다면, 나의 이 실패가 누군가의 시행착오를 줄여줄 수 있다면 그것대로 또 가치가 있다고 믿어서다. 그래서 전대표는 지난날의 뼈아픈 실패의 기억을 용감하게 꺼내놓을 수 있었다

전대표와 소택언니와 글로공명은 줌 화면에서 같이 울었다. 서로 속속들이 아는 사이는 아니어도 서로의 아픔에 눈물 흘릴 수 있었던 것은 우리 모두 비슷비슷하게 힘든 시기를 지나고 있고 또 지나왔기 때문일 것이다. 전대표의 눈물에 소택언니는 다시 한번 다짐했다고 한다.

돈이 뭐라고! 돈이 뭔데 사람이 죽고 살고 서로 미워하고 성정까지 망치게 둬선 안 되겠다고. 이렇게 열심히 사는 4, 50대 여자들이 단 한 사람이라도 물맴이처럼 빙빙 맴돌기만 하는 이 암담한 현실에서 빠져나올 수 있도록 도와줘야겠다고 말이다.

열심히 사는 것 좋다. 그러나 부디, 그게 다른 사람의 말만 믿고 우르르 몰려가는 길이 아니길, 전대표는 다시 한번 당부했다.

가족은 나의 힘. 나의 가정 먼저 경영하는 사장님이 될 거야!

–필라테스라라
* 미국에서 라라필라테스 스튜디오를 운영 중이다
* 미국 생활 중 비경제인으로서 좌절감을 느끼고 스스로 사업을 구상해 돈을 벌기로 결심했다.
* 사업을 운영하는 것보다 가족이 더 중요하다고 믿는다.
* 폭식 식이장애를 극복하며 그 경험을 바탕으로 삶의 변화를 돕고 있다.

　매일 저녁 9시면 내가 활동하는 오픈채팅방에 올라오는 사진이 있다. 탱크톱을 입고 당당하게 복근을 드러낸, 보기만 해도 부러움과 감탄을 자아내는 필라테스라라(이하 라라)의 사진이다. 한국 시각으로는 저녁이지만 샌디에이고에 사는 라라의 시간으로는 새벽 4, 5시. 매일 새벽 복근 사진을 찍으면서 자신의 현재를 점검하는 사람이다.

　미국에서 산다지, 저렇게도 늘씬하고 건강한 몸을 갖고 있지. 겉으로 보기에는 고생이라고는 전혀 모르고, 여유롭게 자기 관리만 하면서 살고 있는 것 같지만 라라 역시 남모르는 사연을 안고 있었다.

모든 계획이 어긋나버린 6년의 유학 생활

남편은 대학 시절에 만난 첫사랑이다. 유학을 가고 싶다는 남편을 따라 결혼하자마자 미국에 갔다. 유학 기간으로 6년을 계획했는데, 그 사이 라라는 미국에서 아이를 낳고 키울 생각이었다. 원래 어린 시절부터 꿈이 현모양처였으니, 딱 좋은 기회였다.

그런데 역시 인생은 계획대로 되지 않는 것일까. 아이가 생기지 않았다. 육아를 하며 충분히 값진 시간을 미국에서 보내려 했던 라라였다. 자기는 기약 없는 기다림으로 아까운 시간만 흘려보낸 반면에 주변 유학생 아내들은 미국에서 빵빵 잘 나가는 것 같더란다. 새롭게 학위를 준비하거나 자신만의 커리어를 쌓고 있는 소식을 들을 때마다 라라의 열등감이 점진적으로 상승하기 시작했다.

남편의 공부를 마치고 한국에 돌아와 라라도 다시 직장생활을 시작했다. 미국 생활동안 공부에 몰입하며, 생활비를 벌기 위해 고군분투하는 남편에 대한 미안함으로 라라는 커피 한잔 사 마시기가 불편했다. 그런 비경제인으로 남편에게 의지해 살았던 생활이 청산되니, 점점 자존감이 회복되기 시작했다.

장사를 하셨던 바쁜 부모님 밑에 자란 라라는 스스로 본인의 유년 생활은 참 불행했고 외로운 기간이었다고 말한다. 365일을 휴일 없이 일하는 아빠를 보며 절대 사업 같은 건 하지 않겠다고, 사업하는 남자도 만나지 않겠다고 다짐했던 그녀다. 그래서 안정적인 월급이 나오는 직장생활을 선택했지만 막상 다녀 보니 알았다. 라라는 책상에 앉아서 하는 직업과는 맞지 않는 사람이었다.

두 번째 미국행. '나도 돈을 벌겠어!'

직장생활에 회의가 느껴질 무렵 남편이 새로운 도약을 꿈꾸며 다시 미국행을 준비하기 시작했다. 그가 준비하는 동안, 라라도 가만히 있을 수 없었다. 남편에게 200퍼센트 의지하며 살았던 지난 미국 생활을 되풀이하고 싶지 않았다. 이번 2차전의 목표는 '나도 번다 돈!'이었다고.

어떤 사업을 할 수 있을까 고심 끝에 떡을 만들기로 했다. 샌디에이고에 사는 한국인이 많은데 아이들 백일떡, 돌떡을 해줄 수 없는 현실이기 때문에 그 고민을 해결해 주면서 수익을 올린다면 보람도 있을 것 같았다. 떡과 관련해서 다양한 기술을 배우고 자격증도 많이 땄다. 그런데 하필 미국에 도착하자마자 코로나19가 터지면서 사업을 제대로 시작할 수도 없었다.

특별히 할 수 있는 것도 없고, 그냥 '매일 1 떡을 만들자' 라는 마음으로 떡을 만들어서 인스타그램에 올렸다. 그때 막 온라인 자기 계발 강의를 듣기 시작했는데 '돈을 벌려고 먼저 마음먹지 말고 기부를 하라'는 부분이 마음에 와닿았다. 일주일에 한 번씩 돌을 맞은 아이를 위해 떡 케이크를 기부했는데 그게 지역 사회에 소문이 퍼지기 시작했다. '라라라이스 베이킹 코너'라는 칼럼을 연재하게 되었다. 그때 라라는 정말 심장이 터질 뻔했다. 미국에 와서 처음으로 '저 이거 해요!'라고 말할 수 있는 일이 생긴 것이다.

칼럼 덕분에 이름이 알려지면서 떡 케이크 주문이 정신없이 많아졌다. 떡 케이크는 대부분 주말에 필요한데 그렇다고 특성상 미리 만들어 둘 수도 없으니 토요일과 일요일을 떡 만드는 데 다 바쳐야했다. 처음에는 적극적으로 응원해주던 가족들이 점차 싫은 내색을 하다가 나중에는 강하게 반대했다. 워낙 가정적인 성격의 남편은 가족들과의 시간을 소중히 여기는 사람이었고 라라 역시 언제나 가족을 1순위에 두고자 했다. 그렇기에 군말 없이 남편의 의견을 따랐다.

사업을 접고 찾아온 요요와 식이장애 그리고 필라테스

막상 가족들을 위해 사업을 접긴 했지만 꿈이 사라진 느낌이 들었다. 떡 만들던 시절에 셀프 다이어트를 통해 10kg를 감량했던 라라다. 스트레스를 받아서인지, 15kg이 찌는 급격한 요요가 왔다. 요요는 폭식 식이장애를 동반하며 라라의 삶을 괴롭히기 시작했다. 급격한 체중 증가로 몸에 무리가 오기 시작하자 좋아하는 운동조차 할 수 없었다. 몸도 마음도 무너져 갈 무렵, 라라는 필라테스를 접하게 된다. 필라테스에 몰입하는 동안, 새로운 꿈을 꾸기 시작한다. "그래! 필라테스 인스트럭터로서 미국 2차전을 살아보자!"

자격증까지 따고 필라테스 강사로서 일하려고 보니, 클래스당 시급이 30불, 세금과 교통비를 제하면 시간당 라라에게 돌아오는 돈은 고작

15불선 이었다고 한다. 게다가 스튜디오 매니저가 라라에게 제시한 티칭 시간대는 저녁 시간! 가족과의 시간을 1순위로 하겠다는 라라의 원칙을 지킬 수 없는 일이다. 점점 개인 필라테스 스튜디오 오픈으로 마음이 기울기 시작했는데 마침 이 시점에 소택언니의 강의를 듣게 된다.

강의 마지막에 소택언니가 "내일 일어나면 사업자등록 내세요"라고 했는데 그 말이 꼭 라라를 콕 집어서 한 말 같았다. 라라는 정말, 소택언니 말대로 다음 날 짧은 영어 실력에도 불구하고 남편의 도움 없이 혼자서 사업자 등록을 내는 데 성공했다. 떡 케이크 할 때는 몇 번이고 망설이다 결국 하지 못했는데 말이다.

마음먹고 사업자 등록을 하고, 이제 사장의 직함을 갖게 되니, 그다음의 과정들이 마치 기다렸다는 듯 차례로 진행되기 시작했다. 사업자 등록을 한 덕분에 경비 처리를 할 수 있으니 집 차고를 개조해 필라테스 스튜디오를 만들기로 결심했고 계획보다 6개월이나 빨리, 라라는 아늑하고 프라이빗한 필라테스 스튜디오를 시작하게 되었다.

놓치고 싶지 않은 나의 몸, 나의 인생을 위하여!

현재 광고를 하지 않고도 알음알음 찾아오는 분들을 대상으로 라라의 필라테스 인지도를 넓혀가고 있다. 가끔 주변 사람들이 사업은 더욱 공격적으로 하는 것이 맞다고 조언한다. 라라도 그걸 모르는 바는 아니지만 그녀는 가족을 외롭게 하면서까지 사업을 하지 않겠다는 원칙을 끝까지 지키고 싶다.

마음만 먹으면 몇 클래스 정도 더 개설할 수 있겠지만, 일부러 저녁 시간에는 수업을 받지 않고 있다. 라라는 그 시간을 가족과 함께 보내고, 자신을 위해 공부하는 데 쓴다. 그 시간이 새로운 미래를 준비하는 시간이라고 믿기 때문이다.

늘 이렇게 희망적인 날만 있는 건 아니다. 아직도 가끔 무서운 밤이 찾아온다. 귀신에 씐 것 같은 그날이 오면 라라는 프링글스 여덟 통을 순식간에 해치우고 냉동실에 있던 고기를 해동도 제대로 하지 않은 채 우걱우걱 씹어 먹곤 했다. 정신이 들면 죽고 싶었고, 그 비참한 마음을 이겨내기 위해 새벽부터 동네를 걸었다. '괜찮아, 괜찮아, 그건 어제야, 오늘은 이렇게 또 움직이면 돼' 스스로를 토닥이면서.

이런 문제를 겪고 있는 사람들이 라라만은 아니었다. 라라는 폭식증을 운동으로 극복해 나가면서, 자신의 약점이 강점이 될 수도 있겠다는 사실을 깨달았다. 동네 엄마들이 모인 단톡방에 필라테스를 무료로 가르쳐 드리겠다는 공지를 올렸더니 두 명이 찾아왔다. 두 명 다 코로나 블루를 겪으며 20kg 넘게 살이 쪘다고 했다. 그들에게 운동의 즐거움을 가르쳐주고, 으쌰으쌰 운동하자고 독려하고 함께 운동을 했다. 그렇게 200일이 넘어서자 두 사람 다 20kg을 감량했다. 그런데 웬걸, 그들이 라라에게 던진 감사 인사는 다이어트에 관한 것이 아니었다.

"네가 나를 살려줬어"

체중이 문제가 아니었다. 정말 중요한 것은 삶에 대한 애정이고, 삶을 사랑하게 되는 방법의 하나가 바로 운동임을 라라는 다시 한번 깨달았다. 라라는 자신이 살아온 삶으로, 또 자신이 여전히 폭식증을 극복해 가는 모습으로 운동이 가진 힘과 가치를 알려주고 싶다. 그래서 첫 책 제목을 '놓치고 싶지 않은 나의 몸, 나의 인생'이라고 적어두고 그 제목대로 살기 위해 노력하고 있다.

지금은 가족들을 위해 조금 천천히 가고 있을 뿐, 라라는 자신의 꿈을 포기하지 않았다. 훗날 가족들은 예전에 라라가 그랬듯 가장 든든한 지원군이 되어줄 것이다. 그때가 되면 라라는 가벼이 날아오르리라. 가족만큼 소중한 나, 놓치고 싶지 않은 나의 몸, 나의 인생이니까.

갱년기 우울증까지 치료해 준
사장되기 프로젝트

−재벌맘

- 늦은 결혼과 출산으로 느닷없이 찾아온 3단 콤보 우울증을 세게 앓았다.
- 소택언니와의 만남을 시작으로 부동산 공부에 눈을 떠서 1년 만에 자산 30억을 달성하고 현재 자산은 70억 이상에 달한다.
- 우울증을 극복하고 나누는 삶을 실천하는 동시에 프랜차이즈 사업을 준비 중이다.

블로그를 통해서 익히 재벌맘의 미모에 대해서 알고 있던 터였다. '우유빛깔'이라는 말이 딱 어울리는 눈부시게 하얀 피부는 제아무리 포토샵을 거쳤다 해도 어느 정도 기본이 되지 않으면 나오지 않을 때깔이 분명했다. 얼마 전 바디프로필을 찍었다더니 여친룩의 상징인 '하얀 셔츠'만 걸친 모습은 같은 여자가 봐도 너무도 사랑스러웠다. 게다가 가슴까지 내려오는 길고 탐스러운 검은 머리칼은 정녕 그녀가 50대인지, 몇 번이고 되묻게 만들었다.

인터뷰를 위해 줌으로 만나자마자 속으로 적잖이 놀랐다. 그 긴 머리카락을 댕강, 단발로 자른 것이다. 물론 단발머리도 무척이나 잘 어울렸지만 보는 내가 다 아까웠다. 나중엔 조금 염려도 됐다. 혹시 그 새 무슨 일이라도 생긴 건 아닐까, 아니면 어떤 심경 변화라도 있었던 걸까?

"머리카락 기부했어요. 제 나이가 50인데 아직도 흰머리가 없거든요. 할 수 있을 때 하자 싶어서 기부를 결정했는데요. 그렇게 마음먹으니까 제 머리에 더 신경을 쓰게 되는 거예요. 트리트먼트도 더 오래하고, 안하던 빗질도 하게 되고, 머리카락에도 좋은 생각을 담아야겠다 싶어졌죠. 남을 위해 살 때 오히려 나를 위하게 된다는 말의 뜻이 뭔지 깨닫게 되더라고요."

이렇게 맑게 웃을 줄 아는 사람이, 나를 아닌 다른 사람을 위해 그 탐스러운 머리를 자르는 사람이 불과 4년 전만 해도 매일같이 울면서 다녔다니 믿을 수 없는 일이었다. 하지만 사실이다. 마흔 살의 늦은 결혼과 마흔세 살의 출산만으로도 충분히 힘든데 마흔여섯에 찾아온 때 이른 폐경까지. 산후 우울증, 육아 우울증에 갱년기 우울증. 우울증 3단 콤보가 그녀를 덮쳤다.

극심한 우울증을 앓던 어느 날 소택언니를 만나다

소택언니를 알게 된 때가 그 시기였다. 우울증을 겪는 가운데서도 대학원에 진학했던 재벌맘은 소택언니를 만났고, 처음에는 자산관리를 부탁하면서 가까워졌다. 등기부등본을 볼 줄도 몰랐고 내 손으로 떼본 적은 더더욱 없는 사람이었다. 집값이 오르기만을 막연히 기다리고 있던 재벌맘에게 소택언니는 실질적이면서도 뼈 때리는 조언을 해줬다. 아무에게도 이런 말을 들어본 적이 없던 재벌맘은 소택언니가 어떤 생각을 하며 사는 사람인지 더욱 궁금해졌다.

"서점으로 와. 언니 《부의 인문학》 살 건데 너도 읽어 볼래?"

연락을 하면 소택언니는 자주 서점에 있었다. 그때 추천해 준 책 덕분에 재벌맘은 부동산스터디 카페를 알게 되고, 관련 책을 읽고 공부를 하기 시작했다. 그렇게 부동산을 향한 첫눈을 뜨게 해준 사람이 바로 소택언니다. 이후로는 단 하루도 부동산 공부를 거른 적이 없을 정도였다. 집을 매도했는데 집값이 올라가는 뼈아픈 경험을 하기도 하면서 입지를 분석하는 눈도 생겼다. 그러다 보니 점점 투자 수익이 발생하게 되었다.

생각지 못한 변화도 찾아왔다. 우울증을 겪으면서 남편에게 원망의 화살을 많이 돌려서 사이가 좋지 않던 시절이었다. 그런데 소택언니가 '옆집 아저씨라고 생각하고 살아'라고 해준 별거 아닌 말이 이상하게 위로가 되었다. 남편과 싸우는 데 시간과 에너지를 쓰는 대신 부동산 공부에 몰입하기로 했다. 공부를 하면 할수록 알아가야 할 것들이 많아졌고 싸우는 시간이 아까워지니 오히려 사이가 더 좋아졌다. 지금은 남편의 사업을 같이 하려고 준비 중일 정도다.

재벌맘, 우울증을 극복하고 청출어람의 대명사가 되다

소택언니는 재벌맘이 신기하다고 말한다. 그야말로 청출어람의 대명

사였다. 하나를 가르쳐주면 열을 아는 사람. 처음에는 '언니, 이거 할까요?'라고 물어보던 사람이 나중에는 '언니, 저 이거 했어요'라고 말하기 시작하더니 점점 그런 일이 늘어나는 것이다. 나중에는 '내가 할 수 있는 사업은 뭐가 있지?' 이런 식으로 사고를 확장하게 되었다. 지금은 남편의 사업과는 별개로 강아지 유치원 프랜차이즈 사업을 준비 중이다. 부동산 공부를 시작한 지 1년 만에 자산은 30억이 되었고, 현재 자산은 70억 이상에 달한다.

하지만 소택언니가 독자들에게 재벌맘을 소개하고 싶었던 이유는 그녀가 부동산 자산가여서가 아니다. 원래 자신이 갖고 태어난 보석이 있는데 많은 사람들이 그걸 모른 채 자신의 능력을 과소평가하면서 살고 있다는 것을 알려주고 싶어서다. 자신이 얼마나 빛나는지 몰랐던 딱 재벌맘처럼. 갱년기 우울증을 극복하고 이제 다른 사람들의 용기에 불을 지피는 재벌맘의 변화를 보면서 소택언니는 더욱 확신하게 되었다. 저마다 자신이 갖고 태어난 능력이 있는데, 아직 그걸 발견하지 못했을 뿐이라고.

물론, 가만히 있는다고 자신의 가치를 스스로 발견할 수는 없다. 재벌맘 역시, 시시때때로 찾아오는 부정적인 생각을 없애기 위해 치열하게 노력했다. 돌이켜보면 남한테만 사랑받고 인정받으려고만 했지 자기 자신을 사랑하고 인정할 생각은 하지 못했다. 스스로를 사랑하기 위해 목표를 적고, 비전보드도 만들고 나와 대화하는 사색의 시간도 가졌다. 그랬더니 정말 부정의 끝판왕이라고 생각했던 자기 모습이 바뀌는 것이 느껴졌단다.

지금은 사업 아이템을 생각하는 것뿐만 아니라 자신이 가진 것을 나누는 데 쓰는 시간이 많아졌다. 독서모임도 시작하고 청약도, 경매도 가르쳐주고 있다. 좋은 말들이 에너지가 되어서 내가 살 수 있었던 것처럼 다른 사람의 아픔을 어루만져 주면서도 방향을 제시하는 사람이 되고자 한다. 그런 미래를 생각하면 삶이 즐겁다.

이제는 웃으면서 얘기할 수 있는 과거가 되었지만, 재벌맘은 사실 스스로 생을 포기할 생각까지 하고 살았다. 인생은 재미도 없고 우울하고, 내 모습은 찌질하기 그지없고 더 이상 이렇게 살기 싫어서, 새롭게 살기로 결단했다. 물론 사람이란 그렇게 쉽게 변할 수 있는 존재가 아니다. 지금도 가끔은 가라앉을 때도 있지만 그 감정에 매몰되지 않는다. 이제는 그저, '다시 방향을 잡을 때가 왔구나'. 덤덤히 받아들이면서 자신의 미래를 다시 써나갈 뿐이다.

인터뷰 내내 '강인한 부드러움'이 느껴졌다. 많이 흔들려 본 사람, 바닥까지 내려가 본 사람이 가질 수 있는 단단한 여유다. 인터뷰를 진행한 시간은 금요일 늦은 밤, 한 시간 반 정도 이야기를 나누고 재벌맘은 먼저 줌 화면을 껐다. 남편과 영화관 데이트를 하기로 했다며 환하게 웃는 그녀가 행복해 보여서 덩달아 기분이 좋아졌다.

1인 기업에서 법인기업으로!
혼자 빛나는 별은 없다

−꿈꾸는 서여사

- 찜질방 매점 이모에서 부자가 되기로 결심해서 이뤄가는 과정을 담은 책 《50대에 도전해서 부자 되는 법》으로 베스트셀러 저자가 되었다.
- 책 출간 이후 각종 방송과 유튜브에 출연하면서 50대의 희망이 되었다.
- 현재 무인카페, 공간임대를 비롯해 8개의 파이프라인을 갖고 있고 '부자매뉴얼'이라는 온라인 교육 프로그램을 통해 '함께 부자 되는 법'을 알려주는 멘토로 활약 중이다.

나를 찾아오는 사람들과 함께 부자가 되기로 하다

처음에 인터뷰이를 선정하면서, '꿈꾸는 서여사'(이하 서여사)님이 리스트에 있어서 조금 의아했다. 서여사는 이미 사장으로 살아가고 있는 분 아닌가? 《50대에 도전해서 부자 되는 법》이라는 베스트셀러를 출간하기도 했고, 각종 유튜브 채널이며 방송사에서 찾는 유명 인사다. 게다가 온라인에서는 그 분을 멘토 삼아 열심히 제 2의 인생을 개척해가는 분들이 많은 상황이다. 이미 충분히 사장의 마인드로 살고 있는 분인데, 소택언니를 만나고 나서 서여사에게는 어떤 변화가 생겼을까.

"무엇보다 자신감이 생겼죠. 내가 커지겠구나! 저 이제 김미경 강사님

처럼 되고 싶어졌어요. 될 수 있을 거 같아요"(웃음)

꿈꾸는 서여사에게는 '서따쟁이'라고 불리는 팬들이 있다. 말 그대로 '서여사 따라쟁이'들이다. 이들과 함께 온라인 학교인 '부자매뉴얼'을 운영하고 있는 중인데, 사실 서여사는 그냥 이대로도 충분하다고 생각하는 중이었다. 이미 개인적으로도 8개의 파이프라인을 운영하고 있었고, 온오프라인에서 그녀를 찾는 사람들도 감당할 수 없을 정도로 많은 상황이다. 시간도 없거니와 충분히 잘되고 있기에 딱히 변화의 필요성을 느끼지 못하고 있었다.

소택언니의 생각은 달랐다. 매번 비슷한 강의가 이어지고, 명확한 희망이 보이지 않으니 멤버들의 이탈이 많아지고 있는 것이 눈에 보인 것이다. 이대로 가면 뜨겁게 타오르던 불씨도 차차 사그라들 판이고, 열심히 살던 4, 50대 여성들은 갈 곳을 잃고 방황할 지도 모른다. 그래서 부자매뉴얼 프로그램을 리뉴얼하면 어떻겠냐고 조언했다.

우선 부자매뉴얼을 멤버들의 능력치에 맞게 단계별로 나누고, 각종 분야의 전문가를 코치로 영입해서 그들이 조금 더 멤버들과 밀착해서 프로그램을 진행하는 방안을 제시했다. 사람을 쓰면 당연히 그에 상응하는 인건비가 나갈 수밖에 없다. 당장 눈앞에 보이는 내 수익이 준다는데 사람이라면 누구나 다 마음이 쓰리지 않을까?

"돈은 딴 데서 벌면 돼요. 이걸로 벌지 말고"

소택언니의 이 말이 서여사의 심장에 날아와 꽂혔다. 실제로 서여사를 찾아오는 많은 사람들은 돈 문제에 어려움을 겪고 있다. 50대에도 해낸 서여사를 보며 희망을 얻고 방법을 배우고 싶어서 찾아온 사람들을 보면서 서여사 역시 얼마나 안타까웠는지 모른다. 본인 역시 돈이 없어서 꿈을 포기한 딸의 눈물을 보고 부자가 되기로 결심했지 않은가. 그 이후 3년 동안 앞만 보며 악착같이 사느라 타인을 돌볼 마음의 여유조차 없었다. 서여사는 첫 책을 내고 자신을 찾아오는 수많은 사람들의 사연을 들으면서야 깨달았다.

"이것이 나의 사명이구나. 나 혼자 부자 되지 말고, 나한테 손을 내미는 사람들과 함께 부자가 되자."

그러기 위해서는 그들을 돈벌이 수단으로 봐서는 안 된다. 워낙에 정이 많고 다른 사람들과 잘 나누던 서여사는 긴 망설임도 없이 소택언니의 조언을 받아들여 부자매뉴얼 리뉴얼을 감행했다. 가장 크게 달라진 건 뭘까?

"수입이 확 줄었어요. 한 반 정도?"

웃음기 가득한 얼굴로 대답하는 서여사는 전혀 개의치 않는 것처럼 보였다. 분명 앞으로는 점점 더 나아진다는 걸 알고 있으니까, 그리고 무엇보다 돈보다 더 소중한 '사람'을 얻었으니까.

진짜 소중한 재산. 돈보다 사람을 얻다

"우리 코치들의 능력이 이 정도일 줄 몰랐어요. 너무 대단한 사람들이었어요. 이렇게 대단한 사람들이 있어서인지 신입 멤버로 '이런 훌륭한 사람들이 왜 왔지?' 할 만한 분들이 계속 들어오는 거예요. '함께'의 힘이 이런 거구나! 매번 깨닫습니다"

확실히 매뉴얼이 달라지고 시스템을 만들어 놓으니 서여사 본인이 담당해야 하는 영역이 적어지고 그만큼 부담감도 적어졌다. 사실 서여사라고 모든 분야를 완벽하게 잘하는 것이 아니다. 자신의 부족한 점을 다른 사람들이 얼마든지 채워줄 수 있다는 것을 깨달았다. 그러자 오히려 신규 회원은 더 들어오고 기존 회원들의 만족도는 높아지는 것이 눈에 보였다. 각 분야의 코치들은 '제2의 서여사'가 되어서 서여사보다 더 적극적으로 자신이 아는 것을 나누고, 멤버들에게 정성으로 피드백을 해주면서 끈끈한 연대를 이어가고 있다. 그런 모습을 보고 있으면 서여사는 괜히 뭉클해진다.

뭐든 하나 해보겠다고, 인생을 바꿔보겠다고 열심히 사는 사람들이 그렇게 기특하고 예뻐 보일 수 없다. 다 퍼줘도 괜찮으니, 돈 문제 때문에 지금이 힘든 사람들이 윤택한 미래를 살 수 있도록 조금이라도 도와주고 싶었다. 그래서 서여사는 자주 말한다. "저를 밟고 가셔도 돼요" 멘토보다 더 나은 사람이 되는 것, 멘토를 치고 나가는 것은 좋은 일이라고 진심으로 생각한다.

물론, 다 믿는 구석이 있어서다. 서여사 역시 그 자리에서 그냥 머무는 사람이 아니기 때문이다. 서여사는 자꾸 일을 만든다. 자꾸만 뭔가에 도전하고 또 하나의 뭔가를 해내는 모습을 보여주고 싶다. 그래서 '서여사의 끝이 여기가 아니구나, 계속해서 나아갈 수 있구나'를 보여주면서 50대에게, 나아가서는 자신을 찾아오는 3, 40대에게도 희망이 되려고 한다. 멘토가 이렇게 열심히 일을 벌이고 새롭게 도전하고 성장하니 멘티들은 또 서여사를 따라 부지런히 성장하려고 애쓸 것이다. 이것이야 말로 부를 이루는 선순환이 아니고 뭘까.

1인 기업에서 법인기업으로 더 큰 꿈을 꾸다

'꿈꾸는' 서여사는 소택언니를 만난 이후 더 '큰 꿈을 꾸게' 되었다. 우선은 주먹구구식으로 하던 1인 기업 대신 법인기업을 만들었다. 온라인 교육과 강의 출판 등 다양한 카테고리를 포함하는 온라인 교육 법인 회사다. 차츰 이렇게 일을 크게 벌이다 보니 덩달아 자신감도 생겼다.

요즘은 '들이대 정신'을 한껏 발휘하고 있는 중이다. 자신을 따르는 멤버들에게 더 좋은 기회를 주고 싶은 마음에 유명 인사에게도 강의를 해주십사 들이대고 있다. 해주시면 감사한 마음에 강의를 널리 홍보하고, 또 성사되지 않으면 '그럴 수도 있지' 하는 마음으로 담담하게 받아들인다. 혼자였다면 두려웠을 텐데 자신을 믿어주는 수많은 동료와 멘티가 있으니 무서울 게 없어졌다. 단호하지만 우아하게, 겸손하지만 당당하게. 서여사는 그렇게 함께 부자가 되는 길에 손 잡아주는 멘토가 되고 싶다.

개인적으로는 또 다른 꿈도 생겼다. 요즘 할머니가 되어 손녀 사랑에 푹 빠진 서여사는 '부자 할머니 모임'을 만들고 싶다고 한다. 그녀가 말하는 부자 할머니는 돈도 있고, 시간 여유도 있고, 무엇보다 마음이 부자인 할머니다. 서여사와 함께 손잡고 가면 누구나 다 부자 할머니가 되어 살아갈 수 있게 만들고 싶다. 그때를 생각하면 벌써부터 참 행복하다.

소택언니는 서여사를 가리켜 이렇게 말한다.

"돈 욕심을 조금 참을 줄 아는 사람? 그래서 더 배울만한 어른이에요"

너무 '돈돈' 거리는 세상에서, 진정한 어른이 없는 세상에서, 그 한마디가 깊은 울림을 남긴다.

저는 미래가 어떻게 전개될지는 모르지만,
누가 그 미래를 결정하는지는 압니다.
-오프라 윈프리

Part 6

사장이 된 그대에게 전하는
마지막 당부

누구와 약속을 지켜야 하는가

"언제 밥 한번 먹자"라는 말은 대표적인 '빈말'이다. 너도 알고 나도 아는 인사치레. 그 말에 '언제 먹을까요?'라고 수첩을 들이미는 사람은 상대를 당황하게 만드는데 어쩌면 그런 사람이 바로 나일 수도 있겠다.

책을 쓰느라 자주 만난 글로공명은 나를 보고 '언니는 정말 빈말을 안 하는군요?!'라며 놀라워했다. 나는 빈말을 잘 하지 않는다. 어떤 분위기상 마지못해서 했다면 그 빈말을 지켜서 '빈'말이 아니게 만든다. 그런 나를 두고 사람들은 미친 실행력이라고도 하고 동에 번쩍 서에 번쩍한다며 '홍길동'이라고도 말한다.

부디 사장이 될 결심을 했다면 말을 함부로 하지 않는 사람이 되길 바란다. 자신의 말에 책임을 지는 사람, 뱉은 말은 그것이 문서화 되어 있든 아니든 지키는 사람이 되어야 한다. 시간 약속을 잘 지키는 것은 너무도 당연해서 말하면 입 아프다.

다른 사람과의 약속도 중요하지만, 가장 중요하게 생각해야 할 약속은 단연 자신과의 약속이다. 가족이든 타인이든 상대가 있는 약속은 꼭 이행해야겠다고 생각하는 데 반해 나에게 약속을 했던 일들은 나만 눈 감으면 된다는 생각에 흐지부지되는 경우가 많다. 상대방이 나와 했던 약속을 이행하지 않으면 서운해 하고 원망하고 심지어 법적 권리를 행사하기까지 하면서 나 스스로와의 약속은 왜 이리 관대한지 모르겠다.

나는 42세에 공인중개사 공부를 시작했다. 우여곡절 끝에 자격증을 최종 취득한 것은 48세가 되던 해 10월 시험을 통해서이다. 매년 없는 시간을 쪼개가며 한,두 달 겨우 공부를 하고 어김없이 불합격 통보를 받는 걸 5년간 하고 나서야 겨우 합격을 했다. 주변에서는 나이도 있으니 그만 하라고 하기도 하고 굳이 자격증이 없어도 돈 버는 데는 아무 문제없다며 내 맘을 약하게 만들었다.

지금 40대를 지나오는 많은 분들이 주변의 만류와 시간적 부족으로 스스로에게 했던 약속을 슬그머니 내려놓으려 하는 모습들을 많이 보게 된다. 나는 왜 그시기에 포기하지 않고 6년 동안이나 공인중개사 자격증 시험을 계속할 수 있었을까? 그건 바로 내가 나와의 약속을 지키기 위해서이다. 물론 자격증이 나 자신을 말해주는 것은 아니다. 공인중개사를 따고 그 이후에 부동산을 오픈하지도 않았다. 그런데도 끝까지 포기하지 않고 공부했던 이유는 어느 누구와의 약속보다 나와의 약속이 가장 소중하고 지키고 싶었기 때문이다.

막연했지만 내가 이 책을 쓰게 된 계기도 나와의 약속을 지키기 위함이었다. 내가 어렵고 막막했던 40대라는 터널을 지나오면서 많은 굽이굽이들과 생각지도 않았던 골짜기들을 지나올 때마다 생각도 했다. 누군가 나보다 조금 먼저 겪어본 선배가 잠깐이라도 조언을 해 주면 좋겠다고. 이럴 때 도대체 어떤 결정을 하는 게 옳은 건지 모르겠으니 비용을 많이 내더라도 나를 위해 바른 선택의 길을 알려주는 누군가가 있었으면 좋겠다고 생각하며 살았었다.

그러다가 오십이 넘어 뒤돌아보니 나와 같은 후배들이 보였다. 나처럼 열심히 살고 있고 잘 살고 싶은데 바로 한 치 앞의 일들에 허덕이느라 앞을 볼 여력이 없는 이들이다. 고개를 들어 멀리 보이는 잔잔한 풍경을 보지 못하고 좌절과 실망으로 힘들어하는 후배들에게 나라도 힘이 되어주고 싶었다. 내가 지금 많이 이루어 놓은 것도 없고 대단한 능력자는 아니지만 그들에게 응원과 희망을 나누어 주는 일을 하겠다고 스스로에게 약속했다. 그리고 이렇게 나는 그 약속도 지켰다. 앞으로도 나는 나와의 약속을 소중히 품고 하나하나 이루어 가려고 한다.

교통사고는 나만 운전을 잘한다고 피해 갈 수 있는 것이 아니다. 누군가 교통 법규를 어기면 억울하게도 당할 수밖에 없는 순간이 있다. 그것처럼 남들과 약속했을 때 상대가 약속을 어길지, 지킬지는 내가 컨트롤하거나 강요할 수 없음을 어느 순간부터 알게 되었다. 많은 기대 후 실망하게 되면 결국 많은 에너지를 낭비하고 손해를 입는 것은 나뿐이다. 나와의 약속은 다르다. 내가 컨트롤할 수 있다. 그래서 나는 나와 약속한 것은 꼭 지켜야겠다고 결심했다. 나를 실망시키지 않기 위해서이다.

  기대할 수도 없고 강요할 수도 없는 누군가와의 약속에 기대기보다
는 나와의 약속만 지켜도 성공으로 가는 길은 훨씬 수월해질 수 있다.
내 삶을 주도적으로 살고 나만의 능력으로 사장의 삶을 살기로 결심한
당신도 체크해 보길 바란다. 나는 누구와의 약속을 지키려 하는가. 사
장으로서 살아가기 위해서 지켜야 할 가장 중요한 약속은 바로 나 스
스로와의 약속임을 잊지 말자.

나만 알고 있는
나의 힘든 경험들과 이별하기

　전혀 모르는 사람들과 처음 만나 그들의 돈 관리 컨설팅을 해 주는 일을 15년 정도 해왔다. 처음 만나면 대부분 고객들이 본인의 복잡한 상황을 이야기 하면서 아마도 내가 해결하지 못할 거라며 걱정하신다. 그러다가 두 시간 정도의 상담 시간이 끝나갈 때쯤이면 낯빛도 밝아지시고 웃음도 되찾으신다. 다음 약속을 잡는 것은 물론 상담 수수료도 기꺼이 주고 가신다.

　상담 경력이 10년 이상 되었을 때부터는 상담실 문을 열고 들어오시는 고객의 표정만 봐도 상담 내용과 시간이 어느 정도 예상이 되곤 했다. 내가 점쟁이가 된 건가 하는 착각이 들 정도로 잘 맞았다.

　고객들은 내게 늘 희한하다는 표정으로 "그걸 어떻게 아셨어요?"라고 묻는다. 혹시 소개해 주신 분이 미리 본인 이야기를 해 준 건 아니냐고 묻기도 한다. 그런데 내가 재무상담 업계의 점쟁이가 될 수 있었던 것은 사전정보를 받아서 알게 된 게 아니었다. 어느 순간부터 알게 되었다. 우리가 살아가는 모습들은 크게 다르지 않고 고민이나 걱정스러운 부분들도 다 비슷비슷하다는 것을.

나의 문제를 내 안에만 가지고 있고, 내 집안에서만 해결하려 하다 보니 너무도 특별한 나만의 비밀이나 트라우마 혹은 고난처럼 느껴지게 되는 것뿐이다. 고객들과 친해지고 나서 비재무적인 상황들에 대해 듣게 되면 한결같이 말한다.

"우리 시어머니처럼 특이하신 분은 아마 없을걸요?" "저희 남편처럼 보수적인 사람은 드물 거예요" "저는 어릴 적에 어려운 환경이어서 돈에 대한 트라우마가 있어요" "아버지가 사업에 망하셔서 사업하는 남자는 정말 피하고 싶었어요" "그때 그 돈만 날리지 않았어도 지금 이렇게 힘들진 않을 것 같아요" "큰 병에 걸려 어려움을 겪고 나니 자신감이 없어졌어요"

그럴 때마다 나는 그 분들에게 이렇게 이야기 해 주었다.

"그럼에도 불구하고 여기까지 저를 찾아오셨다는 것이 대단하신 겁니다. 이제 다시 시작해 보고 싶은 마음을 먹으신 거니까요" 실제로 상담을 오려는 생각조차 못 하시는 분들도 많다. 상담은 내 안의 이야기를 꺼내는 것에서부터 시작해야 하는데 그게 어렵기 때문이다.

나는 온라인 강의를 시작하면서 블로그 쓰기를 시작했다. 난생처음 공개된 곳에 내 이야기를 오픈하면서 부끄럽기도 하고 걱정되기도 하면서 괜한 짓을 하는 건 아닌가 하는 생각에 썼다 지우기를 얼마나 했는지 모른다. 그러다가 지금은 이렇게 책을 쓰는 일까지 벌이게 되었다. 불과 6개월이 지났을 뿐인데 말이다.

지나고 보니 글을 쓰고 나의 이야기를 어딘가에 아무렇지도 않게 오픈하는 과정에서 내 안에 응어리들이 조금씩 풀리고 있는 것들이 느껴진다. 힘들게 부여잡고 있던 과거들이 가벼워지면서 새로운 시도와 도전이 한결 쉬워지는 경험을 하고 있는 중이다. 내가 부족한 점이 있다면 꽁꽁 숨기려고 노력하는 것보다 처음부터 공개하면 오히려 더욱 편해질 수 있다. 사람 사는 거, 정말 다 비슷하다.

나도 결혼 생활을 빚으로 시작하고 시부모를 부양하며 한 번도 쉬지 못하고 맞벌이를 하고 살았다. 살던 전셋집이 경매로 넘어가고 일상생활을 하기 어려울 정도의 편두통으로 오랜 기간 고생하며 3~40대를 지내왔다. 겨우겨우 모아온 얼마 안 되는 전 재산을 40대 중반에 거의 날리고 주저앉고 싶은 순간도 있었지만 나를 지켜준 힘은 내가 나를 너무 좋아해서였던 거 같다.

우리는 항상 내 상황을 마음에 들어 하지 않는다. 나만 이런 과거가 있는 것 같고 나만 힘들고, 나만 찌질한 거 같고 남들은 다 부럽게만 보인다. 그래서 나는 아예 할 수 없을 거라고 생각한다. 감추고 싶었던 일일수록 드러내길 바란다. 남몰래 꼭꼭 숨겨둔 일이었지만 밖으로 내놓는 순간 가벼워지는 것을 느낄 수 있을 것이다.

내 마음을 무겁게 해둔 응어리를 떠나보낸 자리에는 자신을 사랑하는 마음으로 채우자. 그런 일을 겪고도 이렇게 잘 살아가고 열심히 살아가려는 나, 때로는 부족하고 실수했던 나의 못난 모습도 예뻐해 주고 사랑해 주길 바란다. 매 순간 내가 나를 응원하고 어디에서든 당당하게 드러내 주어야 한다.

사장의 첫걸음. 그렇게 떠나보낼 건 떠나보내고 가볍게 시작해 보자.

이제 와 생각하니
거짓이었던 조언들

어느 현명한 왕이 학자들을 불러 모아 백성들에게 전해줄 지혜가 담긴 명언을 모아 오라고 했다. 그렇게 수많은 학자의 노력 끝에 책이 탄생했지만 왕은 너무 길다며, 계속해서 줄이라고 명했다. 마지막에 한 줄만이 남았는데 그 한 줄은 '세상에 공짜는 없다'였다고 한다.

사실, 내가 하고 싶은 이야기는 그 한 줄이 무엇이냐에 관한 이야기가 아니다. 아무리 훌륭한 사람이 한 명언이라고 해도 마지막 한 줄만 남기자는 마음으로 쳐낸다면 다 버릴 수 있는 것처럼, 100명 중의 100명이 따라 하는 법칙이라고 해도 나에게는 맞지 않을 수 있음에 대한 이야기다. 완벽한 진리는 없다. 그러니 부디 사장이 되어 가는 길에, 무턱대고 조언을 받아들이지 않길 바란다.

그래서 내 경험상 '이건 아닌데...?' 했던 명언들에 딴죽을 걸어본다. 당신 역시, 자신만의 경험과 지혜로 세상의 진리에 한 번 반항해보길 바란다. 물론 나의 이 조언도 무시해도 된다.

일찍 일어나는 새가 먹이를 먹는다?

"The early bird catches the worm"

중학교 영어 시간에 배운 명언이다. 외우기 쉬우면서 짧기도 했고 시험에 자주 나와서 인지 쉽게 잊혀지지 않고 기억에 남는다. 그래서일까 이 말이 누구에게나 적용되어야 할 것만 같은 생각이 들곤 했다. 물론 부지런하고 시간을 잘 활용하라는 말이라는 건 알고 있다. 최근에는 부자들의 공통된 습관이라 해서 새벽 기상이나 미라클 모닝 챌린지를 하시는 분들도 많다.

나도 지난 몇 달 동안 습관을 잡기 위해 알람을 맞춰 놓고 5시~6시 사이에 일어나려고 노력했다. 덕분에 어김없이 낮잠을 자게 되는 습관 또한 생겨 버렸다. 내 생체리듬은 늦게 자고 늦게 일어나는 생활이 맞는 것 같다. 어설프게 따라하다가 장시간 낮잠으로 식사도 불규칙해지고 시간이 더 비효율적으로 사용되는 것을 깨달았다.

생각해 보라. 당신이 '새'라면 일찍 일어나야겠지만, '벌레'라면 일찍 일어났다가 괜히 잡아먹히는 수가 생긴다. 부자들이 모두 새벽에 일어 나셨다 해도 나는 이제 더 이상 못 할 것 같다. 나의 미라클 모닝은 5시가 아니라 9시로 정해 보려 한다.

실제로 처음 자기 계발을 접하는 사람들이 새벽 기상이라는 벽에 부딪혀 금세 포기하는 경우를 자주 접한다. 포기만 하면 모르겠는데 자기도 모르게 자책감에 시달리는 것은 더욱 안타깝다. 남들은 새벽 4시, 5시에 벌떡벌떡 일어나서 책을 읽는데 나는 뭐 하는 건가 싶어지는 마음에 괜히 스스로의 능력을 깎아내리는 것이다.

이불 속에 누워서 핸드폰으로 다른 사람들이 올리는 미라클 모닝 사진을 보면서 자괴감에 빠지는 일은 이제 그만뒀으면 좋겠다. 사람마다 생김새가 서로 다른 것처럼 상황도 다르고 생체 리듬도 다르다. 중요한 것은 몇 시에 일어나느냐가 아니라 내가 시간을 얼마나 효율적으로 알차게 보내는 것이냐일 뿐.

남들 따라 무조건 새벽 기상에 집착하기보다는 나에게 맞게 하루를 설계하고 선택하는 사장의 삶을 살아보자.

한 우물을 파라?

우리 또래의 부모님들과 주변 어른들이 가장 많이 해 주시는 말이 "한 우물을 파라"라는 조언일 것이다. 원래의 뜻과 의도는 끈기를 가지고 한 분야의 전문가나 장인이 되라는 좋은 말이다. 그런데 나는 반대로 살았다.

대학교 4학년 때 실습 나갔던 첫 직장은 백수같은 사장님이 매일 전시회나 호숫가로 나를 데리고 다니며 놀기만 해서 그만두었다. 두 번째 직장은 띠동갑이던 노총각 과장님이 입사한 지 한 달 만에 나와 결혼하고 싶다고 우리 엄마를 찾아오는 바람에 그만두었다. 세 번째 직장에서는 내 상사인 차장님이 매일 운송회사와 통화를 하며 입에 담지 못할 욕지거리들을 늘어놓다가 나에게까지 저급한 언어들을 쓰시는 바람에 그만두었다. 네 번째 직장은 내 실력에 비해 너무 월급이 적어서 그만두고 다섯 번째 직장은 불법과 편법으로 돈을 버는 해운회사여서 더 이상은 시키는 일을 할 수 없었기에 그만 두었다.

기타 등등, 대학 졸업 후 서른세 살까지 일곱 군데 회사를 다녔으니 주위에서 볼 때 특히 한 우물을 파라고 하시던 어른들이 볼 때는 잘되기는 글러 먹은 끈기 없고 귀가 얇은 사람으로 보였을 것이다. 나름의 이유는 각각 있었지만 내가 생각해도 어마어마한 경험들이다. 그래서인지 나는 어느 직장이던 어떤 모임이던 처음 가는 곳도 낯을 가리지 않는다.

마지막 일곱 번째 회사를 나온 후에는 계속 백수 아니면 사장으로 살았다. 누구도 나에게 무엇을 하라고 시키지 않아도 내가 알아서 살아야 하는 게 백수와 사장이다. 지금 와 생각해 보니 나는 한 우물을 파지는 못했을지 모르지만 사장으로서 나만의 우물을 팠던 것이다. 이젠 어디에서 누구와 무엇을 하던 나는 목마르지 않다. 내안에 시원한 우물을 항상 지니고 다니므로.

시대가 달라졌다. 당신이 열심히 파 내려가고 있는 한 우물은 다른 사람 좋으라고 파는 우물일 수 있다. 내 인생의 사장으로 살아갈 여러분도 이제부터는 한 우물이 아니어도 좋으니 남의 우물이 아닌 내 우물을 파기 바란다.

부러우면 지는 거다?

요즘은 SNS를 통해 너무나도 괴리감 느껴지는 사생활들이 우리의 부러움과 질투를 자극한다. 상대적으로 초라해 보이는 자신을 보며 절망하고 우울해하는 젊은이들도 많다. 돈으로 할 수 있는 일들이 대부분이므로 당장 따라 할 수 없다는 게 더 좌절하게 만든다. 연예인이나 청년 갑부들의 호화생활이 너무도 일반적인 모습인 양 공개되니 젊은이들에게는 매일 매일이 부러움의 연속이리라.

그래서인지 '부러우면 지는 거다'라는 유행어가 생겨났다. 생각해 보면 어른들도 자식들에게 쓸데없이 허황된 꿈을 꾸지 말고 현실에 만족하라는 뜻에서 자주 하기도 했던 말이다. 그 말이 SNS가 대중화되면서 유행하게 된 데는 서글픈 자기 위안이 있을지도 모른다. 부러우면 지는 거니까 부러워도 하지 말자.

그런데 나는 내 자녀들이나 주위 사람들에게 달리 말해 주고 싶다. "부러우면 너도 한번 해봐"

예전에는 아무리 노력해도 신분제나 유용한 정보, 지식의 불균형한 공급으로 개인의 비약적인 성장에 한계가 있었다. 그러나 요즘은 모든 정보와 기회가 누구에게나 오픈 되어 있는 세상이다. 내가 마음만 먹으면 그리고 실천하고 노력하면 못 이룰 것이 없는 환경이 되어있다.

불법적이거나 공정하지 못한 사건들이 발생하면 모두 밝혀지고 마땅히 비난받는 시대이고 선한 행동이나 의로운 사람들이 칭찬받는 세상이다. 나의 능력과 환경에 한계를 두지 말고 마음만 먹으면 활용할 수 있는 많은 지식과 도구들을 이용해서 나도 사장이 되어 볼 수 있다.

누군가의 삶 자체를 부러워하지 말고 그 사람이 가진 삶의 태도를 부러워했으면 좋겠다. 나와 비슷한 환경이었던 사람들이 어떻게 노력해서 성공하고 부를 이루었는지 방법을 알아보자. 누구나 할 수 있는 공정한 세상에서 나만 아무것도 하지 않고 있다면 그건 제자리가 아니라 뒤처지는 것이다. 작년부터 내가 멘토로 삼고 열심히 배우며 따라고 있는 '꿈꾸는 서여사'님을 따라서 나도 말해본다.

"부러우면 따라 하는 거다, 아무것도 하지 않으면 아무 일도 일어나지 않는다"

내 마음의 디딤돌과 걸림돌

　아프리카의 어딘가에 물살이 센 강이 있다고 한다. 이 강을 건너기 위해서 원주민들이 사용하는 방법은 무엇일까? 배도 이용할 수 없고, 그렇다고 양 끝에 밧줄을 묶을 수도 없다. 자칫하면 센 물살에 휩쓸려 죽음에 이를 수도 있다. 그들이 사용하는 방법은 의외로 간단한데, 바로 무거운 짐을 지고 건너는 것이다. 그 무거운 짐 덕분에 바닥에 딱 버티고 서서, 물살에 휩쓸리지 않고 강을 건널 수 있다.

　아주 오래전에 읽은 책이라 책 제목도 기억나지 않지만 이 부분은 유독 기억에 남는다. 그리고 원주민들이 짊어졌다는 짐을 떠올릴 때마다 가족이 연상되었다. 무거운 짐, 하지만 나를 버티게 하는 힘. 가족.

　누구나 가족이 있다. 지금 내가 가족 중 누구와 살고 있든지 아니면 어떤 이유로 떠나보냈든지 우린 곁에 있는 그들이 내 인생의 걸림돌이라 생각 할 때가 있을 것이다. 아이가 어려서 힘들고 부모님을 부양해야 해서 힘들고 배우자와 소통이 잘 안되어서 힘들고 형제·자매의 어려움을 외면할 수 없어서 힘들다. 내 스스로 내 인생을 선택하고 홀로서기를 하고 싶어도 나에게 주어진 가족 안에서 역할을 다한 후에 가능할 것 같아서 억울하면서도 원망스러울 때가 자주 있으리라.

나도 물론 같은 상황이다. 경제력이 없는 시부모님을 따로 살게 해드리기엔 우리의 수입이 부족해서 함께 살았고 아이들을 돌봐야 했기에 내 일에 몰두할 시간이 부족했다. 직장인 마인드를 가진 소심한 남편 때문에 여러 번의 부동산 투자 기회를 놓쳐버렸다.

친정엄마의 유일한 딸로서 내가 해야 하는 많은 일들이 벅차고 버거워서 형제 많은 집들을 부러워하기도 했고 시부모님 부양을 왜 나만 해야 하는지 원망스러운 마음에 시동생 내외를 야속해하기도 했다. 모든 것이 나의 걸림돌이 되어 내 삶을 가로 막고 있다고 생각했었다.

사장이 되려고 마음먹었다면, 사장이 되었다면! 이런 마음에도 망치를 들어야 한다. 나에게 주어진 책임들과 어려움이 나를 단련시키고 성장시킨 것이 분명하기 때문이다. 당시에는 억울하고 원망스러웠던 걸림돌을 하나하나 디딤돌 삼아 밟고 올라왔기에 지금의 단단한 내가 있다고 마음을 고쳐먹기 시작했다. 그것도 50즈음에나 가능하게 되었다.

그렇잖아도 외롭고 힘든 사장의 길을 걷는데 누구 하나 도와주는 사람도 없다. 도움은커녕 방해만 할 때 '누가 나 혼자 잘살려고 그러나' 원망스러운 마음이 들기도 한다. 그렇지만 내가 사장이 되려고 마음먹은 것, 좌절과 실망에도 끝끝내 일어서는 가장 강력한 이유가 가족이 아니고 무엇이겠는가.

지금 나의 가장 가까이에 있는 가족이 나의 환경이 나를 방해하고 가로막는다 생각이 드는 예비 사장님들이 있다면 그 '짐'이 '힘'이 된다고 생각하길 바란다. 내가 걸림돌이라 생각했던 돌이 디딤돌일 수 있다. 가족이라는 디딤돌로 단단한 계단을 만들어 끝까지 밟고 올라가는 당신의 모습을 기대한다.

등 떠미는 사람은 누구인가

"당신이 무엇을 먹는지 말해 준다면 당신이 누구인지 말해 주겠다"(《미식 예찬》의 저자 브리야 사바랭)라는 말이 참 멋있다고 생각했다. 역시 사람의 생각은 비슷한지 이 말을 각자 중요하다고 생각하는 가치로 맞바꾸어 말하는 경우를 많이 보았다. 나는 거기에 '사람'을 넣고 싶다.

"당신이 누구를 만나는지 보여 준다면 당신이 누구인지 말해주겠다"라고.

요즘 내가 자주 연락하는 사람들이 누구인가 살펴보자. 코로나는 많은 것을 바꿔 놓았지만, 그중에 긍정적인 영향도 없지 않다. 사람들이 만남의 가치에 대해서 다시 생각해 봤다는 것이다. 의미 없는 만남은 줄이고, 정말 만나고 싶은 사람만 만날 수 있게 된 것, 그것은 얼마나 바람직한 변화인가.

나는 운 좋게 2022년 말부터 현재 활동하는 온라인 커뮤니티에 참여하면서 많은 친구들이 생겼다. 모든 온라인 커뮤니티가 그렇듯 진입장벽은 너무도 낮고 구성원들도 다양하다. 어디에 사는 누구인지도 모른 채 닉네임으로 서로를 알아간다.

처음엔 이런 만남이 너무 어색하고 쑥스러워 나의 부캐로 살아가는 것이 거짓된 삶 같은 민망함이 컸다. 서로를 잘 모르니 그저 얕은 관계에만 머물 거라는 선입견도 있었다. 그런데 요즘 내 하루의 반 이상을 온라인 세상의 동료들과 소통하며 '소크라택스언니'로 살아가고 있다. 내가 예전에 어느 직종에 있었는지 어떤 삶을 살아왔는지 아무도 궁금해하거나 묻지 않는다. 정작 내 이름도 모르는 친구들이 세금을 알려주는 '소크라택스언니'라며 자신의 속 깊은 이야기도 꺼내 놓는다.

나는 이들이 나를 키워주는 사람이라는 생각이 든다. 이 온라인 고객들, 친구들과 소통하며 나의 부족함을 느낄 때마다 나는 다시 공부한다. 몰랐던 지식을 알게 되고, 자꾸 더 큰 일을 벌이고, 내 안의 잠재력을 찾아가는 중이다. 마치 등 떠밀려서 떨어진 다음에야 날아오르는 매가 된 것 같은 기분이다. 그들은 계속해서 내가 서고 싶은 무대 위로 내 등을 떠밀어 올려준다.

그동안 등 떠밀렸던 것과는 확연히 다르다. 학교를 다니고 직장을 다니고 결혼도 하고 아이도 키우며 다른 이들이 사는 방식과 비슷하게 튀지 않고 등 떠밀리며 살아왔다. 정확히 하고 싶은 게 뭔지 어디로 가고 있는 건지 이렇게 가다 보면 어디에 도착하는지도 모른 채 모두 서로의 등을 떠밀기만 한다.

그런데 이젠 내가 원하는 무대 위로 나를 올려주는 삶을 살아보려 한다. 누군가 정해준 길을 떠밀려 가지 않고 내가 나에게 지어준 이름으로 내 인생의 사장이 되려 한다.

내 이름 소크라택스언니가 너무 길어서인지 그녀들은 나를 소택언니라고 부른다. 그것도 좋다. '소중한 선택, 소신 있는 선택'이라는 의미를 부여해 보려 한다. 나를 성장시키고 내 인생 무대로 등 떠밀어 주는 이들을 위해 그들의 소중하고 소신 있는 선택을 도우며 소크라택스언니는 남은 50년을 살고자 한다.

사장이 될 당신은 앞으로 누구를 만나고 살 것인가. 부디 생각 없이 등 떠밀려 사람들을 만나지 말고 내가 만날 사람도 반드시 선택하고 만났으면 좋겠다. 당신의 능력을 알아봐 주는 사람이면 좋겠다. 당신의 도전에 자꾸 훼방을 놓는 사람보다는 응원해 주는 사람이면 좋겠다. '안 된다'는 말보다는 '어떻게 하면 될 수 있을까?'를 함께 고민해 주는 사람이면 좋겠다. 당신이 두려움에 머뭇거릴 때 등 떠밀어 무대로 올려주는 사람이면 좋겠다. 그리고 당신도 그런 사람이 되면 좋겠다.

모두가 사장으로 살아갈 인생, 서로 밀고 끌어주는 그런 사람을 만나길 바란다.

20년 차 프리랜서에서
이제 사장이 되어 갑니다

-글로공명

자기 계발서를 읽어만 봤지, 이런 류의 책을 쓸 수 있을 거라고는 생각도 못 했다. 아니, 사실은 무척이나 쓰고 싶었다. 하지만 자기 계발서를 낼 만큼 그 어떤 분야에서도 딱히 성공하지 못한 나는 언감생심, 그저 기약 없는 꿈으로만 간직하고 있을 뿐이었다. 내 깜냥으로는 결코 쓸 수 없는 책에 저자로 이름을 올렸다. 그야말로 소택언니가 차려 놓은 밥상에 숟가락 하나 얹은 셈이다.

그래도 그 숟가락의 무게가 생각보다 상당해서 부족한 글을 몇 번이나 다듬었다. 소택언니의 생각과 의견, 철학을 조금 더 독자들에게 잘 전달하고 싶었다. 왜곡하지는 않되, 어떻게 하면 더욱 설득력 있고 공감

가게 쓸 수 있을까. 많이 고민했다. 그나마 이제껏 수많은 자기 계발서를 읽으면서 들은풍월이 있어서, 또 20년간 한 분야에서 일해 온 가닥이 있어서 조금 더 풍성한 내용을 담을 수 있었다고 혼자 쓰담쓰담 해 본다.

하지만 이 책은 나에겐 결과물이 아니라 시작이다. 책을 출간하고 나서 사업자 등록을 하기로 소택언니와 약속했다. 그래도 명색이 '사장이 돼라'고 외치는 책을 쓴 공동 저자로서 나의 변화를 독자에게 보여줘야 하는 의무와 책임이 나에게도 있기 때문이다.

1년 전, 혼자서 사업자 등록증을 내려는 시도를 한 적이 있다. 첫 단계까지는 잘 넘어갔는데 도무지 업태와 종목을 무엇으로 정해야 하는지 모르겠다. 원래 모르면 무서워지는 법이다. 업종을 잘못 선택해서 혹시나 불이익을 당하지는 않을지 겁이 나기 시작했고, 쓸데없이 이럴 때만 풍부해지는 상상력은 별의별 걱정거리를 미리 만들기 시작했다. 그렇게 나의 첫 시도는 끝나버렸다.

소택언니와 책을 같이 쓰는 동안 실무적인 지식을 많이 얻기도 했지만 내가 가장 크게 배운 것이 있다면 '안되면 말고' 정신이다. 소택언니는 뭐든 우선 저지르고 보는 성격이고 나는 걱정부터 하는 성격이다 보니 둘의 대화는 항상 이런 식이다.

"우리 이거 해보자! 이 사람 만나볼까?"

"언니, 그거 자격조건이 까다로워서 안 될걸요? 에이, 저희를 만나줄까요?"

"해서 손해될 건 없잖아. 안 되면 마는 거고!"

차차 언니의 그 말에 전염되기 시작했다. 그래서 만약 이 책을 통해서 독자에게 가장 전하고 싶은 메시지가 뭐냐고 묻는다면 '안 되면 말고' 정신이라고 말하고 싶은 지경에 이르렀다. 나처럼 소심하고 걱정 많고, 은근 완벽주의인 사람에게는 무척 필요한 정신이다.

여기에서 말하는 '안되면 말고' 정신은 쉽게 포기하자는 뜻이 아니다. 뭔가를 도전하고 시도하는 일을 너무 무겁게 생각하지 말자는 뜻이다. 반드시 돼야 한다는 간절함, 이루고 말리라는 굳은 각오는 오히려 걱정을 크게 만든다. 온몸과 마음에 힘이 잔뜩 들어가서 오히려 될 일을 망쳐버리기도 하고, '안되면 어떡하지?'라는 불안감 때문에 차라리 시도를 안 해버리는 불상사를 낳기도 한다.

'안 되면 말지' 생각하면 가벼워진다. 부담감이 덜어지니 더 많은 시도와 도전을 하게 되고 그 과정에서 성공과 실패를 겪으면서 차차 경험치가 쌓인다. 그러면 차차 더 어렵고 큰 도전을 하게 되고 그렇게 성장의 단계를 밟아가는 것이다. 안될까 봐 시도하지 않으면 아무 일도 일어나지 않는다.

물론, '안되면 말고' 정신으로 눈 딱 감고 저지른 일이 때로는 흑역사가 될 수도 있다. 때로는 매몰찬 거절을 당하기도 하고 모욕적인 순간을 겪기도 한다. 나도 몇 번이나 그런 이불킥을 경험했는데, 소택언니의 말에 위안을 받았다. 그 이불킥의 숫자만큼 성공하는 거 같다고. 그러니 혹시 모를 이불킥을 미리 겁내지 않았으면 좋겠다.

이 책을 읽고 사장이 되고 싶은 마음에 두근두근 가슴이 뜨거워졌다가도, 그 뜨거운 가슴을 차갑게 만드는 여러 상황이 발생할 것이다. 누군가는 분명히 나름 논리적인 이유를 들먹이며 말릴 것이다. 그때 당신이 '안되면 마는 거지' 어깨를 으쓱거리면서 말할 수 있는 사람이 되면 좋겠다. 당신의 도전에 브레이크를 거는 그 어느 누구도 당신의 인생을 책임져 주지 않는다는 사실을 이제는 잘 알지 않는가. 선택은 오로지 나의 몫이 되어야 한다.

1999년, 라디오 방송작가를 처음 시작한 해의 일이다. 얼마 지나지 않아 추석이 왔는데, 선배 MC가 집에 들어가면서 식용유 세트를 사 들고 가는 것이다. 명절에 빈손으로 들어가기가 아내 보기 민망해서 회사에서 줬다고 거짓말한 것이 몇 년 되었다고 한다. 아마 그때 선배 나이가 지금 내 나이쯤이었으리라. 20년도 지난 일인데 그 순간이 또렷하게 기억난다. 내가 걸어갈 앞으로의 미래, 프리랜서의 비애를 처음 대면한 것이다.

말이 좋아 프리랜서지 그야말로 허허벌판에서 혼자 햇빛과 비와 바람을 다 맞고 있는 신세다. 시간과 공간의 제약 없이 일할 수 있다는 것은 언제 어디서든 일해야 한다는 뜻이기도 하다. 프리(free)하게 일을 선택할 수 있다고 하지만 언제 어떻게 보릿고개가 찾아올지 모르니 언제나 '돈'을 선택해야 해서 정작 삶이 프리하지 못하다.

20년을 조금은 서러운 프리랜서로 살았다. 앞으로의 삶은 당당한 사장으로 살기로 결심했다. 워낙 멘탈이 약한 나는 작은 돌부리에도 툭하면 걸려 넘어졌다. 사장으로 걸어갈 길에 얼마나 많은 돌덩이들이 있을지 아직은 모르겠다. 그래도 조금은 더 자신이 생긴 것은 소택언니에게 배운 '안되면 말고' 정신 덕분이다.

"안되면 말고. 그래도 해볼 수는 있잖아?! 돌부리에 걸려 넘어졌으면 다시 일어나면 되지 뭐. 그러다 혹시 알아? 나도 내 평생의 소원인 자기계발서를 내고 나와 같은 사람들에게 희망의 증거가 될지?"

부디 당신도 '안되면 말고'하는 마음으로 작은 도전과 시도를 계속했으면 좋겠다. 이 책이 그런 용기를 불러일으키길!

어쩌다 운이 좋아 내가
진짜 사장이 되었다

―소택언니

내가 가장 좋아하고 좌우명처럼 중얼거리며 다니는 세 단어가 있다.

효율, 성장, 자유.

어쩌다 이 책을 쓰기로 했나 생각해 보니, 이 세 단어에 답이 있었다. 내가 좋아하는, 너무도 이쁘고 기특한, 4, 50대 여성들이 조금 더 효율적으로 성장해서 하루빨리 자유를 누리길 바라는 마음, 거기에서부터 출발했다.

물론, 나 역시 내 좌우명대로 살았다. 어릴 적부터 누군가가 시키는 일을 하는 것을 너무도 싫어하는 성격이던 나는 잔소리 같은 지시사항이 생기기 전에 일을 빨리 끝내고 뒷말이 나올 만한 것도 미리미리 챙겨

놓는 습관이 있었다. 평소에는 한가하고 게을러 보인다는 말까지 듣지만 늘 해야 할 일을 당장 처리하고 놀러 다니는 편이었다.

내가 해 놓은 일들이나 공부가 완벽한 것은 아니었다. 다시 고쳐야 하거나 보완을 해야 하는 경우도 많았지만 시작을 해 놓고 나서 내 견해를 설명해 본다. 예전에는 대책 없이 일을 저지른다는 말도 많이 들었고 왜 자꾸 새로운 일을 찾아다니며 사서 고생하냐는 말도 들었었다. 그런데 50대가 되어 스스로 나를 경영하는 사장이 되고 보니 그런 시도나 도전들이 내 안에 쌓여 두려운 것이 별로 없는 내가 되어 있었다.

나는 남들도 다 나처럼 사는 줄 알았다. 그런데 내가 하나씩 실행해 가는 모습을 보면서 다들 대단하다고 감탄사만 연발하는 것이다. 내가 볼 때는 그들이 나보다 부족한 것도 없고 나보다 훨씬 열심히 사는 사람들인데 말이다. 그래서 애정을 담아 고민하게 되었다.

'과연 이들이 '효율'적으로 열심히 하고 있는가?' 그리고 그 고민 끝, 내가 보기에는 너무 훌륭하고 똑똑한 여성들이 자신의 능력을 온전히 세상 밖으로 꺼내놓지 못하는 이유가 '두려움' 때문이라는 사실을 알았다. 그 두려움을 떨치길 바라는 마음으로 이 책을 썼다. 때로는 쓴소리도 했지만 가장 전하고 싶었던 것은 따뜻한 위로와 용기였다.

사장으로 살아가기 위해서 어떤 공식이 있는 것은 아니다. 모두에게 맞는 답을 제시해 줄 수도 없다. 다만 확실한 건, 두려움을 깨고, '사장이 돼야지!' 마음먹는 순간, 이제껏 자신을 막고 있던 장애물이 아무것도 아닌 것처럼 느껴질 거라는 사실이다. 어린 시절 다녔던 그 큰 초등학교가 지금 보면 '저렇게 작았나' 싶은 것처럼 '별거 아닌데 왜 그렇게 겁부터 냈지?'하는 당신을 만나게 될 것이다.

정말 다 쏟아 놓았다. 더 이상 할 말이 없을 정도로 모두 쏟아 냈다. 그동안의 응어리도, 숨겨두었던 비밀들도, 내가 꼭 하고 싶었던 일들도 그리고 나의 미래 계획까지 세우게 되었다. 나는 나와의 약속을 제일 소중히 생각하고 잘 지키는 사람이다. 그래서 책에서 이야기해 놓은 대로 살아야만 한다.

나부터 진정 내 인생의 주인인 사장으로 살아야겠다. 누군가를 돕겠다고 했지만 나는 나를 가장 많이 도울 것이다. 지금까지 사업하면서 부족하고 챙기지 못했던 것들을 내가 먼저 챙겨가며 후배들에게 부끄럽지 않은 사장으로 살아갈 것이다. 내게 배우려는 분들이 내가 가는 길을 믿고 따라올 수 있는 삶을 살 것이다.

특히나 나를 만나 사장이 되기로 결심해 준 우리 이쁜 책 선생님 글로공명을 멋지고 돈 잘 버는 사장으로 만들어 주어야겠다. 고백하자면 처음 글쓰기 수업의 선생님으로 만났을 때 첫인상은 별로였다. 부드러운 겉모습과는 달리 수강생의 글을 민망할 정도로 지적질 해대는데 어찌나 반감이 들었는지 모른다. 어서 글쓰기 과정이 끝나서 다시 만나지 않길 바랄 정도였다. 그런데 이렇게 한마음으로 공저하는 일까지 생겨 버리다니 인생이란 정말 알 수 없는 것 같다.

이 책을 출간한 '북심'출판사와의 인연도 그렇다. 감사하게도 몇 군데 출판사에서 출간 제안을 받았지만, 최종적으로 내가 선택한 곳은 아직 첫 번째 책도 내지 않은 말 그대로 뜨끈뜨끈한 신생 출판사 '북심'이었다. 이유는 하나다. '북심'의 옥미향 대표님이 이 책의 내용대로 올해 나이 50이 되는 순간, 덜컥 출판사를 차렸기 때문이다. 운명처럼 딱 적절한 시기에 이 책을 만나 우리는 서로에게 '처음'이 되었다. 이 책의 1호 독자이자 팬이 된 옥미향 대표님의 이 독립 선언이 성공적이 될 수 있도록 온 힘을 다해 도와드리려 한다.

어쩌다 운이 좋아 글로공명 선생님과 옥미향 대표님을 만나 행복한 경험을 많이 했다. 여러분에게도 그런 행복한 경험이 펼쳐지면 좋겠다. 여러분이 사장으로 가는 길에 우리가 만든 이 책이 함께 하길.

사장이 될 그대들이여. 이제부터는 가슴 설레는 사장의 인생을 살자!

나는 사모님 말고
사장님이 되기로 했다

초판 1쇄	2023년 8월 11일
지은이	소택언니 / 글로공명
편집	글로공명
디자인	지유정
마케팅	김지명
펴낸이	옥미향
펴낸곳	도서출판 북심
등록	제2023-000031호(2023년 2월 13일)
이메일	book_sim@daum.net
인스타그램	@book_sim
ISBN	979-11-984157-0-7(03190)